定年を病にしない

AKIKAZU TAKADA
高田明和
浜松医科大学名誉教授

ウェッジ

はじめに —— 50代は「定年後の自分」を育てる時期でもある

「50代は同窓会に行ける・行けないの分岐点」

「朝食後にやることがなく、居場所に戸惑う定年男性」

「70歳まで雇用を奨励する政府、本当は50代で手放したい企業」……。

このように、「50代」や「定年」をテーマにしたネット記事や雑誌の特集を目にすることが増えました。ただ、「逃げ切り世代」「お荷物社員」「暴走中（高）年」など批判的な内容が多いため、50代や定年者が読めば、暗い気持ちになってしまう人は結構いるのではないでしょうか。50代の人のなかには、会社に居づらい人も少なくないかもしれません。

あるアンケートでは、50代の9割以上がなにかしらの不安を抱いていることが判明しています。これは終身雇用が崩壊し、上場企業に勤めている人でも45歳以上が一斉に人員削減の対象になりかねなかったり、「年金だけでは2000万円不足する」という金融庁の報告書が公表されたりする時代に突入したことも大きいでしょう。

高齢社会が進む一方なので、年金の支給が75歳以上からになるのは時間の問題と見る専門家もいます。そのため近い将来、望まなくとも70歳を超えても働かなければならないのが当たり前の時代になるかもしれません。

２０１８年の日本人男性の平均寿命は81・25歳と過去最高を更新していますが、日常生活を制限されることなく健康に過ごせる期間を示す「健康寿命」は、２０１６年の時点で男性が72・14歳と推計されています。これでは健康寿命が尽きるまで働かなくてはならない人がめずらしくなくなります。健康寿命が尽きてからの9年間の不安もあります。長生きすること自体がリスクと感じてしまう人も多いでしょう。

定年後の主な問題といえば「お金」「健康」「生きがい」でしたが、近年では定年後の居場所のなさを感じる人が多く、「孤独」が問題視されています。実際、国や自治体も重い腰を上げて高齢者の孤独対策に取り組み始めました。孤独は世界的な問題で、イギリスでは孤独担当大臣のポストが新設されたくらいです。これは孤独がイギリスの国家経済に与える影響が年間３２０億ポンド（約４・９兆円）と計算されたからです。

定年男性を待ち受ける事例としては、「意欲がわかない」「出不精になる」「自分を責める」「暴言を吐く」「焦燥感にかられる」「居場所がなく孤独を感じる」「人付き合いがうまくいかない」「家庭や地域社会で困った存在と化す」などがあります。

定年を境に多くの人は突然の環境変化に戸惑い、人によってはうつや認知症のような病気を引き起こすことがめずらしくはありません。病気とは言わないまでも、やたらと感情的になったり、暴言や奇行が目立ったりすることが多く、介護や認知症並みに家庭や社会で深刻な問題になっているのが現実です。これでは悠々自適どころか、50代から先の人生に不安しか感じない人も多いのではないでしょうか。

ある50代の男性は、仕事はできるのですが上司からのパワハラがひどく、部下の指導も大変なため、「休日は仕事関係者がいない他県まで足を延ばし、競馬をしてからひとりでお酒を飲むことが多い。あと2年すれば息子が大学を卒業するので、それを機に転職する。年収が大きく下がってもかまわない」と言っていました。

また、ある定年間近の男性は、「親しい友だちはいないし、とくに趣味やしたいことがない。定年初日の朝食後、なにをしたらいいかわからないし、定年後が憂鬱だ」と言っていました。

程度の差こそあれ、このような悩みを抱えている人は多いのではないでしょうか。

本書では、定年を境に引き起こされる男性の深刻な問題に焦点をあてています。これまで私が直接相談を受けたり目にしてきたりした50～60代前半の男性の実例を中心に、私が体験した実例も交えながら、読者にとって身につまされるはずのものを選んでいます。

読者のなかには仕事が忙しく、60歳が必ずしも退職年齢とは限らず、まだまだ「定年」のことが頭をよぎらない人や、考えている余裕のない人もいるかもしれません。

そのような方は、各節冒頭の実例にいくつか目を通してもらうだけでも、「定年を病にしない」ための準備が、たとえ50歳を過ぎたばかりであったとしても、決して早過ぎることはないと頷けるかと思います。

本書は定年者が直面しているリアルな現実を知ってもらい、読者が自分の近未来の姿に重ね合わせて考えてもらうのが狙いですが、実例を踏まえたうえで、50代のうちに心がけておきたいことや、私の専門の立場と経験からのアドバイスを、各節の最後にまとめています。

本書を一読し、50代を定年へ向けたシフト期間と位置付けることで、早めに準備さえしておけば、定年後をそれほど恐れることはないと思います。

まずは、41の実例から「定年後の自分」を早くから育てる必要性を感じてみてください。

＊本書中の事例に登場する人物名はすべて仮名です。

定年を病にしない　目次

序章 健康やお金ではない！ 定年前から始まっている本当の危機

第1章
居場所がない！　定年後に待ち受ける「罠」
――孤独との上手な向き合い方

第2章

現役とは違う！ 肩書が通用しない現実
——承認欲求の上手な手放し方

第3章

焦りは禁物！　周りと比べるのは無意味
――焦燥感の上手な抑え方

第4章

家族は迷惑！　その言動が定年後に直結する
――ストレスとの上手な向き合い方

第5章

人生に定年はなし！　長い後半戦を視野に入れる
――意欲・自己肯定感の高め方

［序章］

健康やお金ではない！
定年前から始まっている本当の危機

環境変化

会社の常識がまったく通じない！「非常識」な毎日で戸惑う人

中堅ゼネコン会社の開発事業部で部長を務めていた重治（61歳）は激務ながらも仕事が好きで、取引先との接待も楽しんでいた。頑固でボス肌だったため、部下が非効率なことをすると怒鳴りつけることもあったが、部下のことを本当の弟や息子のようにも思っていた。そのため休日に一緒にゴルフや釣りに誘うこともあった。定年退職の送別会で重治は感極まって涙を流し、部下のなかにはもらい泣きする者もいた。

定年後、重治は再就職せずに地域の活動に参加したが、居心地が悪かった。積極的に動いたり、意見を出したりしていたが、周りが自分を迷惑がっているように感じたからだ。参加者が非効率なことばかりしているのでイライラしたり、家庭でも家族がダラダラしていると怒鳴ってしまうことが多くなった。最近では再就職しなかった自分を後悔している。

地域や家庭では「会社の常識」が通じなくて当然

重治さんの会社員人生は大成功といってもいいでしょう。激務でも仕事の効率化を追求し、楽しむことができたのですから幸せです。それは送別会で重治さんが感涙し、もらい泣きした部下がいたことからもあきらかです。社風もしくは「会社の常識」が重治さんに合った会社で働けたことが、かなり大きかったと思います。

ただ、部下全員が重治さんのことを好意的に見ていたわけではないかもしれません。部下のためだとしても、怒鳴られるのがイヤだった部下もいたはずです。頑固でボス肌の上司ということだけで、受け付けない部下もいたかもしれません。プライベートを共にした部下のなかにも、重治さんが自分の出世を左右する上司だから参加した人もいたでしょう。

意地の悪い見方かもしれませんが、これらの部下は重治さんが当たり前のように「会社の常識」としていたことに従うしかなかった可能性があります。そのため重治さんのように幸せな会社員人生を送れた人でも、定年後は「会社の常識」が通用せず、戸惑う人は少なくはありません。これは「会社の常識は世間の非常識」なところもあるからです。

重治さんの場合、地域の活動や家族との関係がうまくいっていませんが、これらの人間関係で会社員時代と同じように効率化ばかり追求してしまうと、周りの人が楽しめないこともあるでしょう。これでは本末転倒になってしまいます。定年退職した重治さんはだれの上司でもないのです。このことに気づかなければ、定年後は戸惑うことばかりです。

こういうことを書くと、「会社の常識は世間でも通用する」という反論も出るでしょうが、もちろん通用するところもありますが、定年後、会社は関係ありません。会社でのやり方が合わないことのほうが多いと思っておいたほうがいいでしょう。地域の活動だけでなく家族でも、まずはそこで求められる心地よさはなにかを考えてみるといいでしょう。

「会社の常識」だけが判断基準ではない

重治さんは再就職して、ほかの会社の社風も感じてみるといいでしょう。いい勉強になるはずです。再就職でなくともアルバイトでもかまいません。定年前よりは時間に余裕があるので勤務先に慣れてきたら、あらためて地域の活動に参加してみるといいでしょう。以前よりも協調性の重要さがわかると思います。家族との関係もよくなるでしょう。

重治さんのように会社人間だった人は、判断基準のすべてが「会社の常識」なところがあります。ところが、会社のなかでのことは世間に比べると極めて小さなことで、「会社の常識」が世間で通用しないことがあっても、なんら不思議ではありません。

私の知り合いに金融会社に勤めていた優秀な人がいましたが、激務だったため手段を選ばず仕事で結果を出すことばかり考えて性格が歪んでしまいました。まるでカルト教団の信者みたいになってしまったのです。それでも専門家としてラジオに出演したり、海外に転勤したりと活躍していたのですが、定年後は独身ということもあって、実家に戻って介護士として働きだしました。50代後半から「会社の常識」に大きな疑問をもつようになったため介護士になったとのことですが、穏やかな性格になっていて驚きました。

極端な例ですが、重治さんも再び働くことが定年後を充実させるカギとなるでしょう。

50代から「定年後の自分」を育てるヒント

- **「会社の常識」がまったく通じない場があることを理解し、「会社の常識」に固執しないようにする。定年後を見据え、自分にとって場の心地よさとはなにかを追求すべき。**
- **定年後の環境変化に戸惑わないためにも再就職は検討したい。ほかの社風にさらされることで、「こんな社会もあったのか」と考え方が柔軟になり、気分が楽になることも多い。**

無所属

スケジュールがない自分に焦り、ひとりでストレスを抱えこむ

税理士事務所の監査部で部長を務める楠生（59歳）は、会社や家族に不満はなかった。ただ、人付き合いが苦手で趣味もなく、休日はボーッとするだけで満足していた。定年を3ヵ月後に控え、定年初日の朝食後、なにをしたらいいのか考えるようになった。平均寿命まで生きたとして、無所属のまま20年以上過ごさなければならないことを考えると、さすがにボーッとするだけでは憂鬱になってきた。

そこで休日に定年後を想定して1日のスケジュールを組んで実行してみることにした。ところが、スケジュールを埋めるのが大変で、実行するのも苦痛だった。そのため趣味を見つけようといろいろ試してみたが、とくに魅かれるものはなくいたずらに散財するだけで、かえってストレスになってしまった。

埋まらないスケジュールにこそ意味がある

定年まで40年ほどスケジュールに従って働いていると、スケジュールがないと、なにをしたらいいのか、わからなくなってしまうのは当然です。それでも定年してから、しばらくはボーッとしていても心地がよいでしょう。

2018年に第一生命経済研究所が55～69歳に行った調査によると、「定年後、どのように1日を過ごしたら良いかわからない」と答えた男性は23・6％となっています。約4人に1人が、楠生さんと同じ問題を抱えていたのです。

楠生さんの場合、人付き合いが苦手で趣味もないため定年後の生活に焦りを感じていますが、その必要はありません。ただ、これまでは職場に〝時間を売って〟生きてきたわけですから、これからは自分が好きなことだけをすればいいのです。無理をしてスケジュールを入れても頭のなかが忙しくなるだけで、余計に本当にしたいことがわからなくなってしまいます。これでは本末転倒です。スケジュールがない状態が正常と思えばいいのです。

ところが、好きなことをしていいといわれると、なにをしたらいいのかわからなくなる人もいるでしょうが、散歩でも家事でもテレビを見るのでもかまいません。趣味をつくらなければとか、有意義なことをしなければと思うのは、根本的に間違っています。軽い気持ちで気が向いたことをやるようにすればいいのです。それだけでも時間が経つものです。たとえば、常に家のなかをきれいな状態にしておきたいと思うのなら、掃除を日課にすればいいのです。少し掃除しないでいるとすぐに散らかるので、結構時間がかかります。これなら家族からも感謝されるでしょう。気になることがあれば、すぐにインターネットで調べてみるのもいいでしょう。リアルタイムに情報を手に入れるのがうまくなり、時代に取り残されなくてすみます。

晩年の晴耕雨読は幻想に過ぎない

時間があるからといって、一番いけないのがひとつのことをし過ぎることです。年齢を重ねるほど無理をしすぎないことが重要です。とくに「健康のためになると思ってやること」には注意が必要です。

たとえば、健康のために1日に2、3時間歩く人がいます。ところが、50代のいまは問題なくても、年齢を重ねることで、人によっては膝の関節が擦り減ったり悪くなったりして、杖や車いすがなければ歩けなくなることがめずらしくはありません。

「定年後は晴耕雨読が理想」と言う人も結構いますが、これは年を取ったときのことを本当に考えていないからでしょう。定年後に畑仕事をするのは大変です。すぐに腰が痛くなってしまいます。本を読むにしても小さな文字が見づらくなったり、集中力が続かなくなったりして、あまり読みたいと思わなくなる人は少なくありません。

私は南箱根に別荘を持っていますが、ここは坂道が多いので、車がなければ生活ができません。晩年はここに住んで晴耕雨読の日々を送りたいと思ったことがありますが、東京へ行く用事が多いこともあって住むのをあきらめました。私と同じようなことを考えていた人は多かったと思いますが、このあたりの別荘に住んでいる人はほとんどいません。

50代から「定年後の自分」を育てるヒント

- **スケジュール欄が真っ白で、予定に縛られない生活が送れるかを想像してみる。趣味がなくても、軽い気持ちで気が向いたことをするだけでも案外、時間の経過は早い。**
- **年を取ればだんだん身体が動かなくなるし、集中力も続かず、記憶力も衰える。晴耕雨読を実行するのは実際には大変なだけなので、理想化しすぎない。**

社閉症

社外で関係が築けなかった人ほど定年後の変化についていけない

子どもの頃は神童と言われ、県で一番の進学高校、難関国立大学に進んでから大手商社に入社して部長まで出世した守夫（62歳）は、定年するまで国内だけでなく海外の人脈も豊富だった。会社での人脈を大切にしていたが、大企業以外の人をバカにする傾向があり、短大出の妻や中堅私大卒の息子のこともはずかしく思っているので、仕事関係者の前で決して話題にすることはなかった。

定年後はお金、健康、趣味に困っていなかったので、再就職はせず悠々自適の生活を送っていた。だが、家族と過ごすのが苦手で自分の部屋にこもっていた。近所の人とは肩書がわからなかったのでつきあう気はなく、自分からあいさつすることはなかったので評判は悪かった。孤高を目指していたが、会社員時代の人間関係は途絶えていたので、最近になって孤独を感じるようになった。

「一流企業の元部長」という肩書なんて存在しない

守夫さんはプライドが高いのが問題です。「一流企業の元部長」という肩書は、定年後は通用しません。会社員時代の人脈もなくなるといっても過言ではないため、エラそうにしていても、いいことはひとつもないでしょう。自分からあいさつをしないので、近所での評判が悪くなるのも当然です。近所の人が守夫さんの肩書を知っていたとしても、自分が思っているほど、他人はエライと思ってくれないものです。

過去の栄光なんて過去のことに過ぎないのです。いまがどうなのかが重要なのです。「私は大企業で部長だった」と聞かれてもいないのに自慢し、なかには昔の名刺を配る人もいるみたいですが、こんなことをしても嫌われるだけです。

たとえば私の場合、執筆のテーマは健康や脳、生きがいで書いているぶんにはいいのですが、それ以外のテーマで書くと売れないと思っています。いまはＨＳＰ（超敏感気質）に関する執筆で注目してもらえていますが、そのうち飽きられると思います。

つまり、いま売れるかどうかが重要なのです。売れなくなれば、まったく相手にされないでしょう。これは昔ベストセラーを連発した人も例外ではありません。

定年後、守夫さんは働いていませんので、自発的に行動しなければだれからも相手にされません。一日じゅう家にいると、家族からも嫌がられるかもしれません。守夫さんのように地位が高い人ほど、定年後のギャップが大きいので焦ってしまうのも現実です。「昔の肩書は話さない」「あいさつは自分からする」。定年後はとくに、これらを肝に銘じておくだけでも、近所の人たちからの評判が悪くなることはなくなると思います。

イギリスで孤独担当大臣が誕生！　孤独は万病のもと

近年、定年後に孤高を目指すのが流行っています。孤高に関する本や、雑誌で特集が組まれ、多くの定年前後の人が気になっているのではないでしょうか。とくにお金や時間に余裕があって環境変化についていけない人は、孤高に魅かれるでしょう。これは孤独を感じていても孤高を目指しているといえば、プライドが保てるからです。

なかにはストイックに孤高を目指している人もいるのでしょうが、孤高なんて幻想に過ぎません。たとえいまはひとりでいるのが心地よくても、何年も孤高にこだわり、その結果、孤独で寂しいということになれば、その年月がムダになってしまうかもしれません。

守夫さんの場合、まずは趣味の集まりに参加してみるといいでしょう。数ヵ月に1回の集まりでもかまいません。これならハードルが下がるはずです。まずはそこから会社外の人とのつながりをつくる練習をすればいいでしょう。

２０１８年1月、「孤独が健康を害する」という調査結果がイギリスで発表されました。それによると、孤独は肉体的、精神的に健康を損ない、肥満や1日15本の喫煙よりも有害であるとなっています。しかも、孤独がイギリスの国家経済に与える影響は年間３２０億ポンド（約４・９兆円）との計算になっています。そのためイギリスのメイ首相（当時）は孤独担当大臣のポストを新設したくらいです。定年後の生活を充実させるためには、お金や健康と同じくらい孤独にならないことが重要といってもいいでしょう。

50代から「定年後の自分」を育てるヒント

- **会社でのいまの地位は、定年後の立場を保証するわけではない。定年後は「過去の栄光」よりも「いまがどうなのか」のほうが周りから重視されるもの。**
- **孤高を目指す期間が長い人ほど、孤独から抜け出せなくなるし、定年後に健康も害しやすい。定年前からプライドを保つだけの孤高を目指してはいけない。**

燃え尽き

仕事ができてお金があっても定年前から燃え尽き感がある人

大手IT会社の人事部で部長を務める明久（50歳）は、親や教師の期待どおりに中学から大学まで一流といわれる学校に進学し、働きだしてからはたいした苦労もせずに出世した。お金で生活に困ることはなく、趣味に没頭することもでき、家族との仲もよかった。大きな不満はなかったが、最近ではただレールの上を歩いているだけのように感じていた。

明久に大きな変化が起きたのは、近所の夏祭りに行ったときだった。実家の不動産屋を継いだ幼なじみが町内会長として祭りを盛り上げ、周りの人たちから尊敬されているように見えたのだ。一緒にビールを飲みながら話していると、なんだか自分が浦島太郎にでもなったかのような気持ちになった。その後、明久は仕事への意欲が急速になくなり、自宅ではボーッと過ごすようになってしまった。

先が見えるとエリートでも燃え尽きやすい

明久さんのような人は意外といます。50歳が近づいてくると、定年までの自分が見えてしまう人が多く、「自分の人生、これでよかったのだろうか？」と考えてしまうからです。

他人からすれば勝ち組に見える人でも、迷いが生じることはめずらしくはありません。こうなると実際には引きこもっていなくても、「隠れ引きこもり」のような精神状態になってしまいます。自分とまったく違うことをして活き活きしている人を見ると、その人が偉く見えてしまうのです。

こういうことは、経済が右肩上がりだった高度経済成長期にもありました。私の知人で、銀行で働くエリートがいたのですが、「田舎でメロン栽培をして生計を立てている従弟の姿が立派に見え、このままの人生でいいのか？」と真面目に考えたと言っていました。

明久さんの場合、自分の生き方に疑問を抱き始めたときに、夏祭りで活躍する幼なじみの町内会長を見てしまったのでなおさらです。自分とはまったく違った世界で活き活きしているのが健康的で立派に見えたのでしょう。こうなると自分と全然関係のない価値観が魅力的に思えてきます。燃え尽きるとは、自分の価値観が変わってしまうことといってもいいかもしれません。

勉強ができて一流大学、一流企業に入って出世するというのは、わかりやすい価値観です。格差が広がる現代では、完全な勝ち組に見えます。ところが、近年では大企業で出世していても、45歳以上というだけでリストラ候補にされることもある時代です。近い将来、弁護士や会計士などの難関な国家資格に合格して活躍している人でもAIに脅かされるでしょう。このような時代になると、仕事に関する価値観が激変していくと思います。

「定年までの自分」が見えても自分を全否定しない

明久さんに町内会長をしている幼なじみが魅力的に見えたとしても、本当に幸せかどうかまではわかりません。知らないから、余計に立派に見えるところがあるのでしょう。燃え尽きると、いままでの人生のすべてを否定したくなります。いままでやってきたことが無意味に思えてきます。ただ、これは「隣の芝生は青く見える」状態なだけです。

他人からすれば、明久さんは勝ち組に見えるでしょう。たとえレールの上を歩いてきただけだとしてもずっと一流で、たいした苦労もせずに出世したのですから、努力ができて地頭もいい人といってもいいでしょう。お金に困ることはなく、趣味も充実させることができ、家族の仲もいい。理想的な人生と思う人のほうが圧倒的に多いかと思います。もしかしたら町内会長も明久さんの人生をうらやましがっているかもしれないくらいです。

人と比べて自分を否定してしまうと、苦しみから抜け出せなくなってしまいます。ですから「私はダメだ」と思う必要はありません。明久さんの場合、大きな不満がないわけですから、いままでどおりがんばればいいだけです。

「隣の芝生は青く見える」状態から抜け出すまで、自宅ではボーッとしていてもかまいません。頭のなかをリセットするには、下手なことは考えず、ボーッとするほうがいいのです。そして、徐々に自己肯定感を取り戻し、自信を持てばいいでしょう。

50代から「定年後の自分」を育てるヒント

- **定年までの自分が見えると燃え尽きる50代は多い。「定年までの自分」を否定するのではなく、「定年後の自分」を考えるいいきっかけとする。**
- **むやみに人と比べない。自分の価値観の変化は、「隣の芝生は青く見える」ことがほとんど。下手なことを考えて苦しむくらいなら、ボーッとする時間を設けたほうがいい。**

［第1章］

居場所がない！
定年後に待ち受ける「罠」
――孤独との上手な向き合い方

ぼっち

昼下がりの喫茶店、図書館……
定年男性はひとり、女性は集団が多い

大手銀行の子会社で社長を務めた昭夫（60歳）は定年後、待ちに待った悠々自適の生活に入った。趣味は夜にジャズを聴きながらウイスキーを飲むことだが、ほかにはなかった。たまに近所の喫茶店にひとりで行くが、30分ほどしか時間が潰せない。健康のためにジムに通ってみたが、長続きはしなかった。図書館にも立ち寄っていたが、本を読むとすぐに目が疲れるため、最近では足が遠のいている。

外出先で昭夫が気づいたのは、自分と同世代の男性は皆ひとりなのに、女性は集団で楽しそうにしていることだった。焦りを感じて、図書館で同世代の男性に声をかけてみようと思ったこともあったが、寂しい人と思われるのがイヤで実行できなかった。

定年から3ヵ月、早くも昭夫は会社員時代を懐かしむようになった。

会社を離れた自分をいまから想像しておく

昭夫さんのように、定年前に、会社を離れることが想像できていない人は結構います。そのため待ちに待った悠々自適の生活が、すぐに色褪せて時間を持て余す日々に変わり、会社員時代を懐かしむようになってしまうのです。

昭夫さんの場合、子会社とはいえ社長を務めたので、なおさらと思う人は多いでしょう。ところが、会社員時代に不平不満ばかりいっていた人でも、昭夫さんのような人はめずらしくはないのです。

ただ昭夫さんの場合、趣味があるので安心です。ウイスキーの飲みすぎには注意しなければなりませんが、趣味があれば、いくらでも楽しい時間を過ごすことはできます。

たとえば、日中でもインターネットを使えば、好きなジャズのことをいくらでも調べられます。ＣＤショップを覗いてみるのもいいでしょう。悠々自適の生活が送れるくらい貯金があるので、毎週ジャズ喫茶巡りをしたり、コンサートに行ったりすることもできます。そのうち趣味仲間ができ、その様子をブログに書くのも楽しいものです。このように趣味があれば、時間に任せていろいろと広げていくことができます。

ただし、興味のあることをやってみるのはいいのですが、無理して趣味を増やすのは、やめたほうがいいでしょう。これは趣味がない人にもいえることです。焦って闇雲にいろいろなことをやってみる人がいますが、不要な出費に終わることは少なくありません。そのうち苦痛になってくるでしょう。

人間の脳の容量には限りがありますので、余計な情報が入ってくると、脳がそっちのほうに使われてしまいます。こうなると精神的に不安定になることがあります。これでは、なんのための趣味かわからなくなってしまいます。

私は読書やクラシック音楽を聴くのが好きですが、とくに趣味はありません。しかし、興味があることをやってみるだけでも、結構楽しめるものです。しかし、どんなにいいとされていることでも、自分に向かないことはしないようにしています。仕事ではないのですから、気軽に楽しむのが重要なのです。

男性のほうが実は人間関係が深いと思えばいい

喫茶店やジム、図書館に行っても、定年男性はひとりでいるのに、同年代の女性は集団でいる人が多く、楽しそうに見えると昭夫さんは焦っていますが、もともと女性は集団で過ごすのが上手です。

女性の場合、子育てなどで住んでいる地域に友だちができるため、集まりやすいのです。そのため地域のボランティアやサークル活動に参加するのも、圧倒的に女性のほうが多い。いっぽう男性は、定年するまで地域での人間関係がなかった人は、めずらしくはありません。これらのことから考えても、男性が女性のようにはいかないのは当然なのです。

目的がなくても、まるで呼吸するかのように話せるのも女性の特徴です。ただ、話した内容をほとんど覚えていない人も結構います。逆に、男性は会って話した内容はよく覚えている人が多い。だから焦るくらいなら、密かに男性のほうが、人間関係が深いと思うようにすればいいのです。

男性の場合、目的や意味がなければ人と会えない人は少なくありません。そのため人と会うハードルが高くなっています。ですから女性の集団を見ると男性と同じ基準で考えてしまうため、余計に楽しそうに見え、焦ってしまうのです。もともと女性と男性はまったく違うと思っておいたほうがいいでしょう。

女性はそれほど親しい人でなくても、集まって時間を潰すことができる人は結構います。初対面でも集団行動することになると、気軽に話せる人もいるくらいです。

一方で、ほとんどの男性は気軽に話せないから不愛想になってしまい、なかには目を合わせられない人もめずらしくはありません。

たとえば、定年後に夫婦でバスツアーに参加すると、女性は途中の休憩地点でも、ほかの女性と意味もなく話ができる人がめずらしくはありません。男性はほとんどがひとりで、時間を持て余してしまいます。

このことを51歳の男性編集者に話すと、「子どもの学校の集まりに参加すると、まさにそうです。母親はみんな楽しそうに話しているのに、父親同士が話すことはありません。あいさつさえまともにできない人もいます。だからみんな居心地が悪そうにしています」と言って苦笑していました。

男性は、いつまでも経歴や地位から離れられない人が多いのも、気軽に話せない原因かもしれません。出世した人ほど、この傾向が強いといってもいいでしょう。「経歴や地位がわからないのに話せるか！」と上から目線になってしまう人が少なくないのです。

これは会社員生活が長いので、仕方がないのかもしれません。デイサービスに通っているお年寄りでも、必要最低限のことしか話さず、ずっと不機嫌そうな顔をしている人のほうが多いくらいです。

女性のほうが、コミュニケーション能力が高いように見えますが、だからといって男性よりも寂しい人が少ないということではありません。このことがわかっていれば、女性の集団が楽しそうに見えても、それほど焦ることはなくなるでしょう。

50代から「定年後の自分」を育てるヒント

- **定年後に経歴や地位は関係ない。それらはいずれなくなるものと、いまのうちから想定しておく。**
- **女性は一見、集団で楽しそうに見えるが、実はそれほど仲がよくなくてもしゃべれることが多い。女性の集団を見て焦るくらいなら、男性のほうが実は人間関係が深いと密かに思っておけばいい。**
- **男性同士では「どちらが偉かった」などと気にするため、他の男性と親しくしたり、社外での人脈を広げる機会を逸しやすい。定年後を見据え、社外では、会社生活でついてしまった「上から目線」を捨てるように努め、年齢・性別・肩書は関係なく気軽に話す・話しかけられる関係性を構築しておく。**

孤独美化

孤高を目指しても尊敬されない！「孤独な生き方」は大ウソ

大企業で専務を務めた英明（63歳）は、少々贅沢をしても使いきれないほどの貯金があったので、成功者である自分は孤独ではなく孤高を目指そうと思った。定年前に孤独な生き方について書かれた本を何冊か読み、感銘を受けていたのも大きかった。

子どもはおらず、妻との会話もほとんどなかったが、駅からすぐの高級マンションに住んでいるので不便は感じず、多趣味だった英明は時間を潰すのに苦労しなかった。

ただ最近、いろいろと面倒を見てやった元部下に電話をかけてみると、「どちらさまですか」と言われた。よくある苗字だが、声を聞けばすぐにわかると思っていた英明は怒りがおさまらなかった。また、数年前の同窓会でLINEを交換していた同級生にメッセージを送ってみたが、いつまでも「既読」にならなかった。そこで直接電話をしてみたが、元部下と同じような反応をされ、愕然とするしかなかった。

孤高とは自分が勝手につくりあげた幻想

孤独な生き方を勧める本がブームになりましたが、これは危険な傾向だなと思いました。一概に孤独が悪いとは思いませんが、定年者が孤独な生き方を美化して生活していると、いろいろな問題が出てきます。

たとえば、将来、認知症になる確率が高くなります。認知症になりたくなければ、仲間と楽しく頭を使うのが、もっとも予防になることを覚えておいてください。

英明さんは多趣味なのはいいのですが、成功者としてのプライドが高く、孤高を目指しているのが気になります。大企業で出世した人のなかには孤独になっても、「そのへんの人とは違う！」と思う人や、「孤独ではなく孤高なんだ！」という変なプライドが高い人がめずらしくはありません。これではどうしても上から目線になってしまうため、人間関係を築くのが難しくなってしまいます。

奥さんとの会話がほとんどなく、子どもがいないのも心配です。もし奥さんに離婚を言い渡されたり、先立たれたりしたら、いくらお金があっても、ある程度の家事ができなければ生活が荒んでしまうでしょう。そうなると孤独死の問題も無視できません。

東京都監察医務院の統計によると、２０１８年の東京23区内の孤独死数は５５１３人で、男性が69・７％を占めます。しかも男性の場合、60代後半がもっとも多いのです。

いくら超高齢社会といえども、この数字に驚く人は多いのではないでしょうか。

孤高なんて、自分が勝手につくりあげた幻想にすぎなかった……そう気づいたとき、かつて感じたことがないほどの強い孤独感に襲われることになるでしょう。

関係がなくなるとすぐに忘れ去られるのが現実

英明さんは元部下やかつての友だちに忘れられていて怒りを覚えたり、愕然としたりしましたが、自分が思っているほど、向こうは覚えていないものです。気持ちはわかりますが、関係がなくなれば、忘れられると思っておいたほうがいいでしょう。

実は、私にもこのような経験があります。

大学教授時代の教え子が教授のポストに就いたので、15年ぶりに電話をしてみたのです。「高田です」と言うと、すぐに思い出してくれるだろうと思っていたのですが、返ってきた言葉が「私の知る限り、高田という知り合いはいません」でした。そこで「生理学の高田です」と言ってみると、やっと思い出してくれました。

高田という名前は多くはありませんし、私は名誉教授でしたから、当然相手は覚えていると思ったのです。恩師のことをなんとも思っていないけしからんやつだと怒りを覚えましたが、向こうからすれば、私はもういらない人なのです。寂しいとかではなく、人間というものはそういうものだと思っておいたほうがいいでしょう。怒っても仕方がありません。こんなことは、ほかにもありました。

人はそれほど暇ではないのです。孤高を目指していても、だれも尊敬してくれません。いくら出世したとしても過去のことなのです。名前すら忘れられるのです。それが現実ということを自覚すべきでしょう。

50代から「定年後の自分」を育てるヒント

・人は付き合いがなくなると忘れ去られるもの。定年後も長く付き合おうと思うなら、常に付き合っていただくという控えめな姿勢を、日ごろから示しておくことが大切。

・著名人の孤独な生き方を真似したり、美化したりしてはいけない。これまでの関係性を定年後も維持したり、定年後に向けて新しい人間関係を築くことのほうが大事。

妻依存

妻はあくまで配偶者！依存夫のままでは自立できない

大手商社に勤めていた広志（60歳）は朝早くに出勤し、夜は遅くに帰宅する日々を37年間続けてきた。家のことはすべて妻に任せきりだったが、子どもはすでに独立していたので、定年後は妻とは友だちのような関係になりたいと思っていた。

ところが、妻は友だちとランチに出かけたり、趣味の手芸教室に通ったりするなど、充実した忙しい日々を送っていた。妻が大きな買い物をするときには広志もついていったが、そのほかの時間はひとりで家にいることが多く、妻への不満は増していく一方だった。

そんなある日、「ゴロゴロしているのなら、少しは家事を手伝って」と妻に言われた広志は、「だれのおかげで暮らしてこられたと思うんだ！」と大声で怒鳴り返した。すると翌日、妻は離婚話を切り出し、銀婚式を迎えたばかりの広志は愕然とした。

妻を所有物のように扱う夫を妻は拒否する

定年後は妻と友だちのような関係を築きたいと思う人は結構います。ただ、広志さんの場合、30年経っても友だちのような関係にはなれなかったわけですから、定年して時間ができたからといって、すぐにそれを奥さんに求めるのは無理があるでしょう。友だちどころか、会話もあまり続かないのではないでしょうか。

私の妻の親友は、歩きながら会話が弾んでいる男女を見ると、「あれは夫婦ではない」と言います。「夫婦は絶対に話さない」と断言するほどです。彼女からすれば、夫婦でないから歩きながらでも会話ができると思っているのです。偏った見方とは思いますが、会話がほとんどない夫婦はめずらしくはありません。

広志さんは奥さんが楽しそうに忙しい日々を送っているのを不満に思っていますが、奥さんは自分が一番大事なのです。広志さんも自分が一番大事なのではないでしょうか。だから、奥さんに嫉妬とも思える不満をもってしまうのです。

定年後にやっと時間に余裕ができたのですから、広志さんも奥さんのように自分が楽しいと思うことをすればいいだけです。それができないのは、自立できない妻依存夫だからです。30年も家のことはすべて奥さんに任せきりだったことからしても、間違いないでしょう。それなのに家事を少し手伝うように言われただけで怒鳴れば、奥さんに愛想を尽かされても無理はありません。愛妻家からすれば、そんなこともわからないのかと呆れられるでしょう。

公益財団法人ハイライフ研究所が51～75歳の男女を対象に、2016年に行った調査では、「家事はすべて（ほとんど）妻」が59％なのに対し、「家事はすべて（ほとんど）夫」がたったの1％でした。「状況に応じて役割を分担」で23％と大きく増えますが、多くの夫はもう少し家事を手伝うよう心がけるべきでしょう。

広志さんは奥さんと友だちのような関係になりたいと思っているのではなく、自分の都合のいいようにコントロールしたいだけなのです。しかし、奥さんは広志さんの所有物ではありません。奥さんが広志さんの思いどおりになることはないでしょう。こんなことはわかっている夫は多いのですが、なかなか言動が伴わない人は少なくありません。

働いている頃は多忙だったので仕方がないところもあるかもしれませんが、定年後は理由になりません。少なくとも身のまわりのことは自分でできるようになるべきです。妻に先立たれでもしたら、大変なことになってしまいます。円満な夫婦関係のためにも、家事を手伝うことは重要なのです。

私は２０１３年に妻を亡くしましたが、それまでずっと家事を手伝っていました。娘夫婦が同じマンションに住んでいるので、私の食事をつくる提案をしてくれますが、娘夫婦は共働きなので負担になると思い、断っています。それでもなんとかなっているのは、妻が生きていたときから、いくらか家事をしていたからです。

妻依存夫の存在が妻の寿命を縮めている現実

「夫を亡くした妻の平均余命は15年だが、妻を亡くした夫の余命は2年」

私が妻を亡くしたとき、友だちがそう言ってからかいました。妻が亡くなって6年が経ちますが、友だちが言ったことは、それほど極端なことではないと思います。

愛媛県総合保健協会の藤本弘一郎院長が２００２年に行った調査で、「老後に夫と暮らすと妻の死亡リスクが約2倍に高まる」ということがわかっているからです。この調査は愛媛県重信町（現・東温市）で60～84歳の男女３１３６人を対象に行ったものです。藤本院長は「夫が日常生活の多くを妻に依存している高齢者が多く、肉体的にも精神的にも妻には夫の存在が負担になっている」と指摘しています。

調査では、下のグラフのように配偶者の有無による死亡の危険率が男女では逆転していることがわかります。

同じような結果は、九州大学が行っている「久山町研究」でも見られます。この研究は福岡市に隣接する人口約8400人の久山町の住人を対象に、脳卒中・虚血性心疾患などの調査を行っています。この調査で死亡の危険率がわかったのですが、男性は喫煙や高血圧、肥満などの多くの因子があったのに対し、女性の因子はたったの1つ、結婚だけだったのです。つまり、夫の存在が女性の最大の危険因子だったのです。

なんだかブラックジョークのような調査結果ですが、妻依存夫の存在が、妻の寿命

配偶者の有無による死亡の危険率

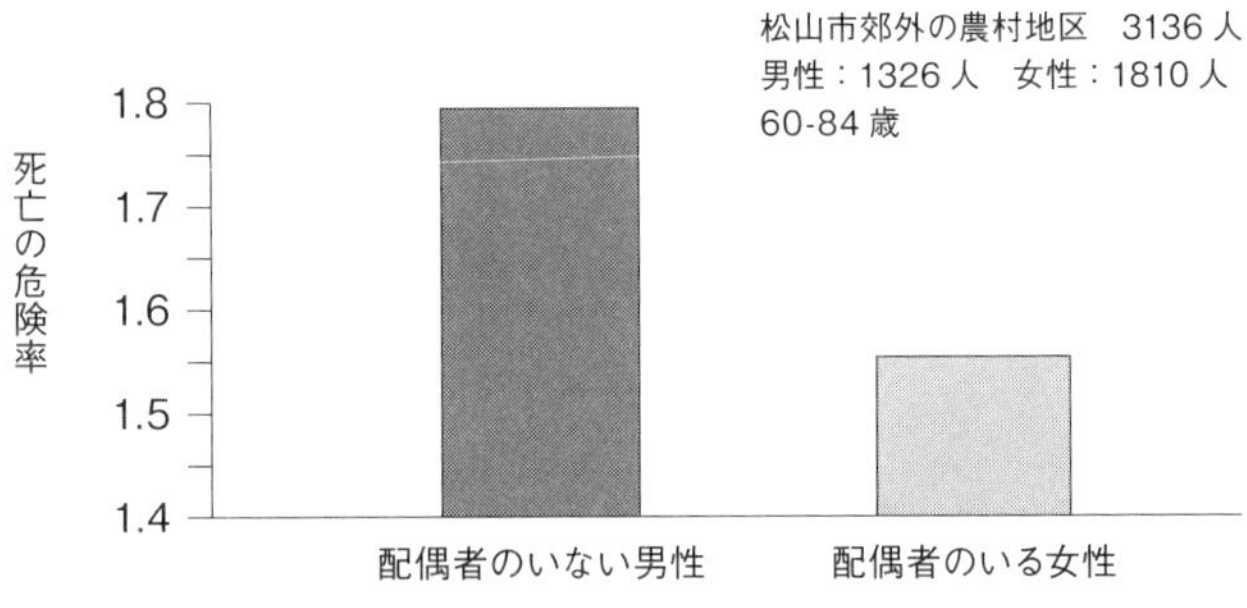

男性はその他に糖尿病、喫煙、過去の入院歴、過去1年健康診断を受けていないなど
女性の唯一の危険は配偶者のいること

（出典）愛媛大学医学部公衆衛生学、藤本弘一郎ら、2002

を縮めてしまうのは間違いありません。この結果を見て、妻依存夫かもしれないと思った人は、意外といるのではないでしょうか。広志さんの奥さんが離婚話を切り出したのも、この2つの調査結果からすれば納得がいきます。

50代から「定年後の自分」を育てるヒント

・妻依存夫の存在が、妻の寿命を縮めてしまうという調査結果がある。妻は夫の所有物ではないし、ましてや友だちでもない。そのことを肝に銘じ、妻から改善してほしいと言われたら、定年後の円満な生活を見据え、素直に改善するよう心がけるべき。

・ひとりで時間が潰せなかったり、家庭に妻がいない状態が耐えられないのであれば、妻依存夫である可能性が大。定年後は家庭にいる時間が増える一方で、妻依存夫であればあるほど妻の不満やストレスは増加しやすい。妻に離婚話を切り出されたり、先立たれたりしないためにも、定年前から自分のことは自分でできるよう自立すべき。

・家事を手伝うことが夫婦円満の基本である。ちょっとした運動になると思い、積極的に手伝うようにする。

先立たれ

妻に先立たれた人ほど孤独感を深めやすい

1年前に妻に先立たれた正雄（54歳）には、公立高校に通う高3の息子と高1の娘がいる。8年にも及ぶ妻の闘病で貯金を使い果たし、来年は役職定年を迎えるため、収入が減ってしまうのが最大の悩みだった。長男は漠然と私立大学への進学を希望しており、長女も女子大生になることに憧れている。正雄もそれが当然と考え、できれば子どもたちに奨学金を受けさせることなく、なんとかして学費を出してやりたいと思っている。

家事は子どもたちもいくらか手伝ってくれるが、正雄の時間に追われる日々は変わらず、いつも心身ともに疲れている。最近では、趣味の釣りにも興味を失ってしまった。気軽に会える友だちがいないため、休日は家事を終えると、自室でボーッとしていることがほとんどだ。定年後の人生を考える余裕は、正雄にはまったくなかった。

死別、離婚、別居……家庭の状態は子どもたちに正直に話す

正雄さんは家庭の問題をひとりで抱え込んでしまい、うつ状態になっています。8年もお金の心配をしながら奥さんの闘病を支え、お金を使い果たしたところで、今度は子どもたちにお金がかかるのですから無理もありません。そこへ追い打ちをかけるように来年から収入が減るので問題は深刻です。

まずは家庭の状態を正直に子どもたちに話してみてください。

正雄さんは、子どもたちが大学に進学するのは当然と考えていますが、本当にそれがベストの選択なのでしょうか。余裕のある人は学歴を求め、余裕のない人は高卒でトライせよ、というのが私の考えです。別に学歴否定主義ではありませんが、どんな職業でもチャンスがあるということを、子どもたちに教えるべきです。学歴至上主義の親が子どもの可能性を潰してしまうことは、昔からよくあることです。

お笑い芸人で高卒の人はめずらしくはありませんが、あれほど才能に満ち溢れた人たちが集まる世界はないと思います。また、多才な人も多い。

たとえば、「ピース」の又吉直樹さんは小説も書き、芥川賞を受賞しています。高校時

代はサッカーで大阪府代表としてインターハイにも出場し、大学の推薦を断ってお笑いの世界に飛び込みました。「ＡＮＺＥＮ漫才」のみやぞんさんは運動神経もいいため、その身体能力を活かして、ＴＶ番組の企画が成り立つくらいです。ジミー大西さんも画家となり、ボジョレー・ヌーボーのラベルのデザインを依頼されるなど、国内外で活躍しています。

お笑い芸人の例は極端かもしれませんが、料理人やプログラマーなど、技術を身につければ高卒でも立派にやっていける職業はあります。最近では、高卒どころか、中卒のＩＴエンジニアやコーヒー焙煎士が注目される時代です。大学を卒業したからといって、どうにかなる時代はとっくの昔に終わっています。それでも子どもたちがどうしても大学に進学したいというのなら、奨学金で行ってもらえばいいでしょう。

全国大学生活協同組合連合会の調べによると、何らかの奨学金を受給している学生は30・5％いるため、決して特別なことではありません。子どもたちも納得してくれると思います。家庭の事情を理解したうえで、奨学金を受けてでも大学に行きたいと強く思ってくれたら、将来の職業を見据え、勉学に励んでくれるようになることでしょう。

お金のないことは、なにも悪いことばかりではないのです。

自分の人生を生きるのは子どもたちのため

子どもたちよりも心配なのは、正雄さんのほうです。うつ状態が続くと、のちの健康に悪影響を与えるからです。このままでは、子どもたちが成人して自活するようになったとき、生活が乱れてしまうのは目に見えています。

国立社会保障・人口問題研究所の『人口統計資料集』（２００５年）によると、配偶者がいる男性の平均寿命が79・06歳なのに対し、ひとり暮らしの男性は70・42歳と未婚男性は約９歳も短命という調査結果があるくらいです。

２０１９年９月に、かつて「金ピカ先生」の愛称でテレビでも活躍した予備校講師、佐藤忠志さんが68歳で亡くなったのを覚えている人は多いでしょう。佐藤さんは亡くなる２年半ほど前に奥さんと離婚し、寂しさからか身体の調子が悪いのに朝からお酒を飲み、ろくに食事もとらず、生き甲斐をなくしていたみたいです。死期を早めたのは喪失感に加え、食生活の乱れが大きな原因でしょう。

２０２０年2月には、プロ野球の世界で活躍した野村克也さんが妻の沙知代さんを亡くしてから2年ほどで亡くなりました。野村さんは妻を亡くしてから「孤独だ」と言っていました。このままでは、晩年の正雄さんも佐藤さんや野村さんのようになってしまうかもしれません。

また、強度なストレスを受け続ければ脳細胞が障害されますので、認知症になる確率が高くなります。健康を害して将来介護が必要になれば、子どもたちに迷惑をかけてしまいます。

そうならないためには、自分の人生を生きるようにしてください。

まずは趣味の釣りを再開してみるのもいいでしょう。わざわざ出かける気持ちになれないのなら、好きな音楽を聴いたり、本を読んだり、簡単にできることから始めてみてください。ほんの少しでも興味があることを気軽に楽しんでみればいいのです。

仕事で家事が大変なら、もっと子どもたちに助けを求めればいいだけです。栄養が偏らないよう気をつけるのなら、食事もお弁当やスーパーの総菜で済ませてもかまいません。

手を抜けるところは、とことん手を抜いてください。食洗機やロボット掃除機を使ったっていいのです。いくらか時間が確保できて余裕が出てきたら、少しずつ改善していけばいいのです。それまでは迷ったら、自分がラクになるほうを選んでおけばいいでしょう。

正雄さんは父子家庭の悩みを軽減するため、気が向けば父子家庭の集まりに参加するのもいいでしょう。気負う必要はありません。居心地が悪ければ、行くのをやめればいいだけのことです。ハードルが高いと感じるのなら、SNSを活用してみるのもいいでしょう。同じ悩みをもつ人たちのツイートを読んでみるだけでも、いくらか気持ちがラクになるものです。共感できるツイートを見つけたら、「いいね」を押してみればいいでしょう。

難しく考える必要はありません。まずはちょっとしたことでもかまいませんので、自分にできそうなところから少しずつ、気負うことなくやってみればいいだけです。

50代から「定年後の自分」を育てるヒント

- **父子家庭や離婚家庭であれば、進学やお金など家族の問題をひとりで抱え込もうとしない。子どもたちとなんでも正直に話し合い実情を共有するのが、好転への第一歩。**
- **うつ状態や強いストレスが続けば、定年前から健康に支障をきたしやすい。まずはちょっとした興味のあることでいいから、自分に合うと感じたことを気軽に続けてみる。**
- **将来、介護で子どもに迷惑をかけないためにも、自分の人生を生きるよう心がければ、「生きづらさ」が「生きやすさ」に変わり、ひいては健康にもつながる。**

会社≠社会

「会社でのつながり」は「社会とのつながり」にならない

中堅通信・情報会社で営業本部長を務める隆一（60歳）は、会社を大きく成長させたという自負があった。部下や取引先に信頼され、自分は企業ドラマの主人公のようだと密かに思っていた。退職の日が近づいてくると、感謝の気持ちを伝える部下や取引先が隆一の元に訪れない日はなかった。

ところが、定年して半月も経たないのに、隆一は会社員時代と定年後の生活のギャップに困惑した。地域とのつながりを持とうと考えたが、どういうつながりが持ちたいのか、わからなくなってしまった。やり手の営業部長だったので、望むようなつながりなんてすぐにつくれると思っていたが甘かった。時間を持て余していたので勤めていた会社に顔を出してみたが、早く帰ってもらいたいといった感じの対応を受け、足早に会社を後にした。

会社という「場」でのみ有効だった人間関係

出世した人でも、隆一さんのようなケースはめずらしくはありません。会社のために一生懸命がんばったのは間違いないでしょうが、上司だから部下が子分のように言うことを聞いてくれていたところもあるのです。取引先も隆一さんが会社の人間だから、相手にしてくれていたのです。

私の知人にも、「定年後も、たまには会社に顔を出してください」と部下から言われた人がいますが、会社を訪れることはありませんでした。これは知人がもうすぐ定年を迎える人に同じことを言って、定年後に会社に来られて困った経験があったからです。

「いかに早く帰ってもらうか、そればかり考えながら対応したのを覚えていますから、定年後は絶対に会社には行かないと決めていました」と言っていました。

私が知っている製薬会社の人にも、広い人脈を持つ人がいました。出世もしていましたし、自分では人望があると信じて疑わなかったのでしょう。定年してから、仕事関係者を集めて旅行しようとしたのです。私も案内状を受け取りましたが、だれも来ないだろうと思いました。案の定、参加者は集まらなかったみたいです。

これも会社の人間だったから、集まってくれていただけなのです。会社のお金で接待をしてくれるから顔を出してくれたのです。これがわかっていない人は、少なくありません。「世話をしてやった」「こいつは感謝してくれている」と言う人も結構いますが、そんなことを思っているのは自分だけです。定年後は会社の人間関係が続くことはないと思っていたほうがいいでしょう。

実際、定年後も会社の人間と定期的に何年も会っている人なんていません。会社は閉ざされた空間に過ぎないのです。

50代は定年後のつながりをつくる準備期間

会社は社会の一部と思っている人は多いでしょうが、本当にそうでしょうか。そう思ってしまうのも、地域での活動やつながりをつくるのに苦労している人が、めずらしくはないからです。

2018年に内閣府が行った「高齢者の住宅と生活環境に関する調査結果」によると、「何らかの社会的な活動を行っていますか」という質問に対し、「特に活動はしていない」と答えた人は60・1%となっています。

この結果から、社会とのつながりを望むのであれば、50代の頃から動いておいたほうがいいといえるのではないでしょうか。会社員としての自分を客観視するのにもプラスに働くでしょう。定年後にどのような日々を送るのかについてのヒントにもなると思います。

隆一さんの場合、会社を大きく成長させた、部下や取引先にも信頼されていたといったプライドは捨てたほうがいいのです。会社員時代の自慢話なんてもってのほか、地域での活動やつながりをつくるのに邪魔になるだけです。

また、自分が仕切ってやろうと考えるのも、嫌われてしまうだけです。新たな人脈をつくるには、謙虚な気持ちで楽しむよう心がければいいのです。

50代から「定年後の自分」を育てるヒント

・定年を機に会社でのつながりはなくなるものと考え、そのまま社会とのつながりにもならない現実を知っておく。

・会社でのつながりと社会とのつながりを分けて考える。定年後の社会とのつながりは50代のうちに時間をかけて準備し、新たな自分を発見するつもりで謙虚に楽しめばいい。

負け意識

50代で閑職に追いやられ、うつ症状で苦しむ人

食品会社に勤務する茂之（53歳）は東京本社で営業課長をしていたが、地方の物流センターに異動となった。娘2人がすでに社会人になっていたので異動に応じたが、この歳で住み慣れた東京を離れることにかなりの抵抗を感じた。ただ、50歳の誕生日を迎えてからは、急速に仕事にやりがいがもてなくなって結果が出せなくなり、自分より優秀な同期が何人もいたことが、今回の異動につながったと思っていた。

地方での暮らしは茂之には合わず、仲がよかった娘たちや友だちと会う回数が激減したのも応えていた。その寂しさから何ごとにも意欲が湧かなくなり、「自分はダメだ」と思うようになっていた。心配した妻は茂之に心療内科に行くことを勧めた。

勝ち負けだけで人生を考えるべきではない

茂之さんのような人は結構います。いまや40代後半からリストラ候補にされる時代ですので、閑職に追いやられる人は、これからも増えていくことでしょう。ただ、茂之さんだけでなく、ほとんどの人は自分の周りに敵わないと思う人が、何人かいるのではないでしょうか。勝ち負けで人生を考えると、気の休まることはありません。

マイナス思考の苦しみを生むのは、人との比較です。50代ともなれば、会社では先が見えているようなものですから、気持ちがわからないでもないです。しかし、まずは自己肯定感を取り戻して高めるようにしてください。それが苦しみから抜け出す一番の近道です。勝ち負けから離れることが、ストレスのない人生を送るコツともいえるのです。

実は、私も「自分はダメだ」と思い込んだ時期がありました。

日本の医学部を卒業し、もっと基礎医学の勉強をしたいと思った私は、アメリカに留学しました。アメリカには7年いたのですが、子どもの教育のこともあり、帰国することにしたのです。幸いにも、浜松に医科大学ができるということで、そこの教授の職を得ることができました。

ただ、7年間もアメリカにいたため拠り所がなく、不安な日々を送っていました。この不安は大きくなり、「自分に人を教える資格があるのだろうか」という思いから抜け出せなくなったのです。そこで私は、実際に教壇に立つまでのあいだ、禅寺で修行をすることにしました。

ところが、師からの「仕事でも人の指導でも、邪念なくしてやってこそ意味がある。邪念の心があるのなら、やらないほうがマシだ」という言葉を聞いた私は、「嫉妬心が強く、邪念だらけの自分に人を教える資格はない」と思い込むようになったのです。その結果、「自分はダメな人間だ」という思いにとらわれるようになり、うつになってしまいました。

自信を失った私は、人と話すのが苦痛になりました。ただ、「自分がどんなにダメ人間なのか」ということを話しているときだけは、饒舌になったのです。皮肉なことに、自分を否定すると、不安を感じなくて済んだのです。

このような症状から抜け出せなくなった私は、知人の紹介で精神科を訪れました。そこで薬を処方されたのですが、私には合いませんでした。自己肯定感を取り戻して高めるしかない、という考えにたどり着いた私は、まず、「自分はダメだ」と思うことをやめる努力をしました。すると序々にうつから解放されるようになったのです。

茂之さんも「自分はダメだ」と思うことをやめるべきです。心の病は薬では治りません。心で治すしかないと私は思っています。

私たちは苦しみに満ちた人生でも、自分で生きる目的を見出し、自分で自分を愛する方法を覚え、他人を愛する心をもつように生きる努力をすべきです。まずは自分に合った心の安定法を見つけ、それを実行してみてください。私の場合、般若心経の読経と写経をすることを日課としています。

自分の考え方ではなく「自分」を守る

うつは好きなことを続けることで改善できます。好きなことをしていると、脳内に幸せホルモンと呼ばれるセロトニンが分泌されるからです。薬で増やすより、自ら分泌させるほうが何倍も効力があります。

ただ茂之さんの場合、何ごとにも意欲が湧かなくなっており、奥さんが心療内科に行くことを勧めている状態ですので深刻です。

うつ病の症状としてもっとも多いのが、「何もする気がしない」という無気力と「自分はダメだ」という自責の思いです。そのため苦しみに押しつぶされないよう薬が処方されるわけですが、いつまでも薬に頼るわけにはいきません。かつての私のように薬が合わない人もいます。

では、茂之さんのような人が、心の病を心で治すには、どうしたらいいのでしょうか？

それは、考え方を完全に変えればいいのです。

「窮すれば変ず、変ずれば通ず」という言葉があります。事態がどん詰まりの状態まで進むと、そこで必ず情勢の変化が起こり、変化が起こると、そこからまた新しい展開が始まるという意味です。

つまり、「自分はダメだ」という自責の思いに固執する考えが間違っていないか点検し、別の考え方に変えてしまえばいいのです。このままでは、ますます自分の考えに固執するようになってしまい、うつ病がひどくなる一方です。苦しい状態から抜け出すことができないままです。

私たちは自分の考え方を守るために生きているわけではありません。自分を守るために考え方があるといってもいいのではないでしょうか。この考え方が自分の生き方にも時代にも合わないのなら、今までの考え方を思いっきり変えてしまうことが大事なのです。ひいては心を変えることにもつながります。

50代から「定年後の自分」を育てるヒント

・ほとんどの人は、自分の周りに敵わない人がいるもの。勝ち負けを離れることが、ストレスのない人生を送るコツ。経験を積んだ50代はそのことに気づける時期。

・負ける動物は、動かなくなり、従順になり、生命を守る。うつ病も負けたという意識から身を守るという理論もある。しかし、勝ち負けが人生ではないと理解できれば、うつから自分を守ることができる。

・苦しみに満ちている人生でも、自分で生きる目的を見出し、自分で自分を愛する方法を覚え、他人を愛する心をもつように生きる努力をすべき。

・薬でうつは治らない。心の病は心で治すべき。自己肯定感を取り戻して高めれば、うつは遠ざかっていく。脳内の幸せホルモン「セロトニン」の分泌は、好きなことをしているときのほうが薬の何倍もの効力がある。

・自分の生き方にも時代にも合わない考え方は捨てるべき。自分の考え方を守るのではなく、自分を守る考え方を習得するのが重要。

役職定年

50代で訪れる「無役」の自分への焦燥感

電機卸商社に勤める聡志（55歳）は役職定年を迎えた。商品企画部の部長だったため無役となっても、かつての部下たちは変わらぬ接し方をしてくれた。だが、決定権のない仕事をする日々にやる気をなくしつつあった。

ちょうどそんなときに同期がヘッドハンティングされ転職した。それに触発され、密かに転職活動をしてみたが、条件のいいところは見つからず、自分のキャリアが他社では通用しないことを痛感し愕然とした。定年後も働きたいため資格の取得を考えたが、いまさらなんの資格を取ったらいいのか、よくわからなかった。

ただ、無役の立場はラクでもあり、定年まで勤め上げれば満足のいく退職金がもらえるため、このまま消化試合をこなすように働くのも悪くはないと思いはじめるようになった。

会社が手放したいのは意欲のない役職定年者

聡志さんのような役職定年者のなかには、新たな挑戦を避けたり、惰性で仕事をしたりする人もいます。これでは企業にとって負担なだけです。「もういらないから辞めてくれ」というのが企業の本音でしょう。

50代が管理職に居座っていると、考え方や価値観などが古い場合、下の世代が仕事しづらい環境になってしまいます。この問題を考えると、近い将来、役職定年を50歳まで下げる会社が増えてくるかもしれません。

問題は役職定年者だけではありません。出世を諦めた40代、50代の社員にも、聡志さんのような社員がいて問題になっています。

東京商工リサーチの発表によると、大規模な早期退職者の募集を行う企業は、上場企業では早期退職や希望退職の対象が2019年9月末時点ですでに27社あり、合計1万342人を超えています。年間1万人を超えたのは6年ぶりで、リーマン・ショック後の2010年を上回ります。なかでも、バブル期に過剰に雇用してしまったため、45歳以上が一斉に人員削減の対象になるとも言われています。

逆に近年では、人手不足の問題から雇用期間の延長を検討する会社もあります。なかには成果を期待することなく、シニア社員を再雇用する企業も少なくありません。理由は安く雇えるからです。これではシニア社員の労働意欲を低下させることにもつながります。ひいては、これらのシニア社員の対応を見た役職定年者のやる気も低下させることにもなりかねません。人生100年時代といわれていることを考えると、人事制度の改革が必要なのはいうまでもありません。

聡志さんは転職を見据え、資格の取得を考えましたが、いまの仕事に役立ったり、自分のキャリアを高めたりすることにつながらないのなら、資格を取得する必要はありません。時間とお金のムダです。

このままでは聡志さんは惰性で定年までの5年間を働き続けることになりそうですが、これではもったいない。かつての部下が変わらぬ接し方をしてくれているうちに、いかに5年間を会社のために貢献するかを考えたほうがいいでしょう。そうすることで、定年後の再就職のときに有利になる確率を高めるようにするのです。

他社では通用しないことに早く気づけたのは幸せ

働きすぎはよくない、楽天的に楽しいことだけを考えていればいい、早く引退して老後を楽しんでいる人ほうが長生きできる、と考える人は少なくありませんが、これは間違っていると思います。

健康長寿を望むのならば仕事を続け、生産性のある人生を送るべきです。継続的に自分なりに何かをしたり、役に立つことをしたりすることが健康長寿にとって、もっとも重要なことです。定年退職後、ふたたび仕事を始めると、次第に昔の元気を取り戻し、顔つきが生き生きしてくる人は多い。打ち込める仕事は、人に生きがいと若さを与えてくれます。

私は84歳ですが、今でもＮＰＯ法人「食と健康プロジェクト」の理事長の仕事をしたり、本の執筆をするため編集者と会ったりするなど、忙しい日々を送っていますが、仕事が生きがいとなっています。前歯が1本欠けてしまいましたが、ほかはすべて自分のものです。血圧や血糖値の数値も正常です。

これらのことを証明してくれるような記事もあります。健康・医療情報サイト「日経グッディ」の２０１９年2月の記事では、慶應義塾大学の岡本翔平氏らが、日本人男性の60歳から75歳までを対象に、仕事を継続している人とそうでない人の死亡、認知機能低下、脳卒中、糖尿病のリスクを比較する研究を行ったことが掲載されていました。

対象者は1288人（就労者644人、非就労者640人）で、1987年の初回調査から最長で15年後まで追跡したものです。この調査によると、糖尿病発症者の割合は変わりませんでしたが、死亡率で仕事を継続している人で約20％、そうでない人で約34％、認知機能低下率では前者が約3％、後者が約6％、脳卒中率で前者が約14％、後者が約20％という結果だったのです。

聡志さんは定年まで5年あります。自分のキャリアが他社では通用しないことを痛感して焦っていることから、このままでは生きがいと思える再就職は難しいかもしれません。ただ、この時点で自分が他社では通用しないことに気づけたのは幸運といえます。

役職定年から定年退職を迎えるまでの5年間より、定年後の人生のほうがずっと長いのです。それに向けた意識改革を始めるべきです。

たとえば最近では、社会で長く活躍し続けるためのセミナーも行われていますので、参加してみるのもいいでしょう。新たな挑戦をするために、わからないことはかつての部下に聞いてみるのもいいでしょう。このように残された5年で、いかに会社に貢献するかを考えながら働き、自分が蓄積してきたキャリアのどの部分を磨けばいいのかを見極め、努力することで定年後の再就職につながっていくと思います。

50代から「定年後の自分」を育てるヒント

・50歳を過ぎて定年まで先が見えたからといって、新たな挑戦を避けたり、惰性で仕事をしたりするのは厳禁。このままでは定年後の再就職が難しいばかりか、意欲や健康まで損なってしまう恐れがある。

・政府は70歳までの雇用延長を奨励する一方で、企業は45歳からリストラの対象にしている。意欲があってもリストラの憂き目にあう人もいるのが現実。バブル世代は団塊ジュニア世代に比べ、就職活動時も会社生活もはるかに恵まれていることを感謝すべき。

・意欲のない役職定年者への会社の本音は「もう辞めてくれ」。だが、焦燥感にかられている場合ではない。定年退職を迎えるまでの期間より、定年後の人生のほうがずっと長いことを考えれば、いまからそれに向けた意識改革へシフトすることが得策。

・定年まで意欲を失わず会社に貢献しながら働き、自分の強みに磨きをかけることで、定年後の再就職につながる確率は高くなる。定年後も生きがいをもって働くための準備は早いに越したことはない。

［第2章］

現役とは違う！肩書が通用しない現実

――承認欲求の上手な手放し方

無肩書

定年前の肩書は一切通じない！妻子も嫌がる「家庭内管理職」

大手電気メーカーで役員を務めていた則之（65歳）は今年、定年退職した。毎日することもなくリビングのソファーで寝転んでばかりいたので、見かねた妻が自分が参加する近所のサークルに引っ張っていった。

自己紹介のとき、則之は自分の経歴を長々と自慢げに話したが、この時点で周りの反感を買っていることに気づかなかった。次の集まりではサークルの活動を批判。その場で会長とケンカになって退会へと追い込まれた。妻は家庭でも則之が管理職のように振る舞うことに嫌気がさしていたので、どうしてサークルに連れていったのだろうと後悔した。

則之には37歳の息子がいるが、仲が悪かった。大学受験に失敗し、則之がことあるごとにそのことを責めたので、社会人になってから家に寄りつかなくなった。

定年後は肩書が通じず、対等な関係が求められる

エリートな人生を歩んだ人ほど、自己評価が高いものです。大勢の部下を指揮して業績を上げた自尊心が強いため、定年後もエラそうにしてしまう人が少なくありません。しかし、これはあくまでも会社での地位であって、定年後は関係ありません。ここがわかっていないと苦労します。

長い会社員生活で染みついた上下関係が、出会う人すべてを力関係で見定め、会社での関係であるかのように振る舞ってしまうのです。則之さんの場合、大手企業で役員まで上り詰めた人なのでなおさらでしょう。これでは、だれからも必要とされなくなってしまいます。

仕事に生きてきた人ほどこの傾向が強く、肩書を失って対等の関係を求められる老後はストレスがたまります。人間関係がうまく行かず、孤独になりやすいのです。過去の輝かしい自分の姿が捨てられず、会社での地位を忘れられず、肩書を失った振る舞いができない。これでは定年後の人生をスタートさせることが、いつまでもできません。このままでは寂しさや怒り、孤独からくる不幸感が深まるばかりで、暴走老人となってしまう可能性

が高くなるでしょう。

則之さんのような人は、自分で楽しみを見つけるしかありません。だれも助けてはくれないからです。昔の肩書を捨てない限り、友だちはできないと肝に銘じるべきです。定年後の友だちには、対等な関係が必要なのです。

ただ、求めれば話ができる友だちがいれば、孤独ではありません。いつも一緒にいてくれる友だちがいないって思うと孤独になってしまいますが、定年後の友だちに、そこまで求めなければいいだけのことです。

たとえば、私は碁会所に囲碁を打ちにいくことがあるのですが、そこで友だちができました。といっても、碁会所以外で会うのは3ヵ月に1回くらいです。それでも楽しいものです。

極端に思われるかもしれませんが、定年後に親友なんてできないと思ったほうがラクです。そんなことは、多くの人が気づいているのではないでしょうか。それなのに、あたかもいつでも会える親友をつくらなければならないように思ってしまう。これはおかしなことです。長年の親友ですら近所に住んでいない限り、そんなに頻繁に会うことはないかと思います。

家庭内管理職では家族との関係に亀裂が入る

だいぶ前の新聞に、家庭内でも管理職のように振る舞われ困っている妻からの相談事例が載っていました。夫のこのような振る舞いにより、妻だけでなく子どもとの関係に、修復できない亀裂が入ってしまうこともめずらしくはありません。

2019年6月、元農林水産省事務次官の76歳の男性が、数日前に起こった川崎の20人殺傷事件を知り、44歳の無職の長男が人に危害を加えるかもしれないという理由で刺殺した事件のことを覚えている人は多いでしょう。これは憶測に過ぎませんが、76歳の男性は長男が子どもの頃、家庭内管理職だったのではないかと思っています。

ずっとエリートだった人に家庭内管理職の人は多いといえます。則之さんも息子さんと音信不通状態なので、該当するのではないかと思います。

子どもは父親が偉いのは理解できてよろこんでくれたとしても、家でも管理職のように振る舞われては、たまったものではありません。

とくに勉強や進路のことであまりにもうるさく言われたら、子どもとの関係が修復不可能になってしまいます。自分と子どもを比べ、「どうしてできないんだ」と言ってしまう人は少なくありません。

しかし、エリートの子どもだから自分と同じくらいにできると思うのは間違いです。子どものほうができなくてもおかしくはないのです。一緒に住んでいるわけですから、こうなると子どもは逃げ場がなくなってしまいます。

私の知り合いにも夫婦ともにエリートの道を歩んでいて、長男と音信不通になってしまった人がいます。息子が18歳のときにエラそうなことを言ったので、「それなら自分の力だけで生きてみろ」と叱ったら家を出ていってしまい、いくら探しても見つかりませんでした。次男も長男が家を出た影響からか、フリーターになってしまったのです。あまりものショックのため、奥さんは仕事を辞めてしまいました。夫婦ともに人柄がよかったのですが、家庭でも管理職のように振る舞ってしまっていたのかもしれません。

「自分の力だけで生きてみろ」というのは、愛情から少し鍛えてやろうと思って言った言葉かもしれませんが、子どもはそうは取らないわけです。

また、ある大企業の営業本部長で、息子が中学受験に失敗したため、進んだ中学での部活を禁止し、勉強だけの生活を送るように命じた知り合いがいます。やがて息子は不良になり、定時制高校に進んで卒業後に就職してしまいました。

いくら会社で優秀な人であっても部下は他人です。自分の出世を左右する人の言うことは我慢して聞いてくれるものです。それで部下が育ったとしても、部下と同じように子どもに接してもダメなのです。出世した教育者でも、家庭内管理職の人はめずらしくはありません。

これから則之さんは奥さんと過ごす時間が増えるわけですから、まずは奥さんに対して、すぐに家庭内管理職をやめるべきです。そうすれば息子さんとの関係も少しずつ変わり、修復に向かうかもしれません。

50代から「定年後の自分」を育てるヒント

- **会社での地位は、定年後の自分には関係なくなるものと理解する。定年後に過去の肩書を捨てず、自慢げに経歴を話したり、管理職のように振る舞えば、周囲の反感を買うだけで、尊敬されることはない。**
- **家庭内管理職では妻子に嫌われてしまうばかりか、子供の人生をも狂わせてしまいやすい。家族に対して上司のような言動をとるのは厳禁と肝に銘じるべき。**

問題行動

孤独で承認欲求が満たされず
周囲に暴言を吐き散らす

製薬会社で営業本部長として忙しく働いてきた敦史（61歳）は、4年前に突然妻を亡くしたのを機に早期退職し、寂しいながらも悠々自適の生活を送っていた。

だが、最近になってイライラすることが増えていた。コンビニやスーパーのレジで店員がもたついたり、病院での対応が悪かったりすれば、自分でも驚くほどの暴言を吐くことさえあった。このイライラはエスカレートし、店員の対応が完璧でも、その手際のよさに温かさがなければイラつくほどだった。そのうちコールセンターにも電話をかけるようになり、「おまえでは話にならん。責任者を呼べ！」などと暴言を吐くようになった。

ただ、暴言を吐く相手は女性か気の弱そうな男性ばかりで、敦史もそのことに気づいて恥ずかしく思い反省することもあったが、改善することはなかった。

加齢により前頭葉の機能が衰え暴走しやすくなる

敦史さんは忙しく働いていたので、定年後は奥さんとの生活を楽しみにしていたのかもしれません。早期退職をしたのも奥さんを喪ったショックが、あまりにも大きかったからでしょう。喪失感や寂しさからくる孤独が暴言の引き金となったのでしょう。暴言はいけませんが、私も7年前に妻を亡くしましたから、敦史さんの気持ちはわかります。

私と妻は特殊な夫婦だったといえます。妻とは大学入学時に知り合って付き合うことになり、大学院やアメリカ留学でも一緒でした。帰国後は浜松医科大学で、ともに研究生活を送っていたので、ここまで時間を共にした夫婦はめずらしいといえるでしょう。まさか突然妻が亡くなるとは思っていませんでしたから、実感がなかったくらいです。

妻とはよく旅行したのですが、妻がいなくなってからは、旅行したいと思わなくなりました。旅先で美しい景色などを見ても、妻とそのことについて、いろいろと話せるから楽しかったのです。それができない今となっては、旅行する意味がありません。ほかの人と旅行の楽しさを共有したいとも思いません。旅行は、私の横に妻がいたからこそ、楽しかったのです。

老後の三大不安として「健康」「お金」「孤独」が挙げられますが、最も深刻なのが「孤独」です。私も高齢者なので例外ではありません。ただ、妻を亡くして孤独に感じることはありますが、幸い働くことで孤独を遠ざけることに成功しています。仕事で出会う人たちとの時間が楽しいのです。

近年では、雑誌やテレビ、ネット記事で「キレやすい老人」「暴走老人」「高齢クレーマー」などのタイトルをよく見かけるほど、高齢者の問題行動が取り上げられていますが、これは孤独が引き金になっているのでしょう。最近では、「暴言・暴力を許しません」と張り紙をした病院や老人介護施設も増えているといわれているくらいです。

敦史さんのように出世した人ほど、定年後は働いていたときのように権威が通用しないギャップが大きい。そのため承認欲求が満たされず、問題行動につながりやすいのです。奥さんを亡くして孤独な生活を送っていれば、暴走が止まらないでしょう。

人間は加齢とともに感情をコントロールしにくくなってきます。これは年を取ると脳のなかで最初に感情をコントロールする前頭葉の機能が低下し、理性で抑えられなくなってくるからですが、前頭葉だけの問題ではありません。承認欲求が満たされないのも、大きく影響しているでしょう。前頭葉を鍛えるのなら、瞑想をしたり、運動をしたりするなど、有効な方法があるのですが、承認欲求を満たすのは、そう簡単にはいきません。

なにかとマイナス面が取り上げられることが多い高齢者ですが、統計を見ても深刻さが窺えます。たとえば、「コールセンター白書２０１４」（リックテレコム）によると、コールセンターのクレームは60代以上が35・８％で断トツです。

暴力行為も問題になっています。ＪＲや民営の鉄道各社が発表した、平成30年度（２０１８年４月～２０１９年３月）に発生した、駅係員や乗務員等の鉄道係員に対する暴力行為は６３０件でしたが、60代以上が24・６％を占め、どの年代よりも多かったのです。この統計からも、キレる高齢者は決して少なくないといっていいでしょう。

敦史さんは弱い立場の人や反撃ができない人に対しての暴言を反省していますので、まだ救われるところがあります。

理想の自分を演じれば、気持ちに余裕が出てくる

人生をおろそかにせず、他人を傷つけず、社会を乱さない生き方がもっともよい、と私は思っています。暴言がやめられないとはいうものの、そんなことは敦史さんも十分にわかっていることでしょう。しかし、やめたいけど、やめられない。

では、どうすればいいのでしょうか？

私の場合、アメリカで牧師、著述家として活躍した、積極思考で有名なジョセフ・マーフィーの次の言葉を口ずさんでいました。

「現実の自分よりも、理想の自分を愛しなさい。そして、理想の自分で他人と接すれば、他人からも評価を受けます」

思いは必ず現実化します。敦史さんもこの言葉をつぶやき、役者になったつもりで、この言葉どおりの行動してみるといいでしょう。

役者にとって大切な要素は、自分の感情をコントロールすることです。役者を目指して自分の感情をコントロールするよう心がけているうちに、普段でも感情のコントロールができるようになった人を、私は知っています。

最初は自意識が邪魔をして、抵抗があるかもしれませんが、他人から評価されるようになるので、やってみる価値はあります。いくらか承認欲求も満たされるでしょう。ゲーム感覚で演じてみればいいのです。

このほかにも、理想の自分に合った言葉が見つかれば、その言葉のとおり行動してみてください。言葉だけでなく、好きな役者や歴史上の人物でもかまいません。この人なら、どんな行動をするだろうかと考えて行動するのは楽しいものです。気持ちに余裕が出てくるでしょう。

敦史さんの場合、寂しいながらも悠々自適の生活を送っているわけですから、暴言さえ治まればイライラすることは激減するかと思います。そのためにも理想の自分を演じることが近道です。他人から評価されるのはうれしいことですので、暴走から遠ざかることができるでしょう。人とのコミュニケーションも楽しくなってくると思います。

50代から「定年後の自分」を育てるヒント

・定年後、最も深刻なのは「孤独」の問題であり、孤独が暴走の引き金になる。統計的にも暴走老人が決して少なくなく、事件にまで発展しやすいことを理解しておく。

・人間の行動を調節し、極端に走らないようにしているのが前頭葉の働きである。年を取ると、前頭葉の機能が低下するので、暴言を吐いたり、他人と言い争ったりしがち。前頭葉はストレスに弱いので、自分の好きな言葉をつぶやいたり、好きなことを趣味にしたり、理想の自分を演じたりするなどして、常に気分を明るくするように努める。

高齢初犯

65歳以上の4割が初犯！魔がさして万引きする人たち

中堅スーパーで店長をしていた栄一郎（66歳）は、激務ながらも定年まで仕事にやりがいを感じていた。定年してからもアルバイトとして地元のスーパーで働き、クレーム対応もうまかったので、店長や店員からも信頼されていた。とくに趣味がなかった栄一郎は、生涯スーパーの店員として働きたいと思っていた。

だが、膝を悪くした栄一郎は働けなくなってしまった。仕事をする意欲はまだあったが、スーパー以外の仕事に魅力は感じなかった。それでも杖をつきながら近所のスーパーに行き、店内を眺めているだけでも、いくらか楽しむことができた。

ところが、日々の寂しさが次第に増していたためか、かつて働いていたスーパーで万引きをしてしまった。店長が警察沙汰にはしなかったが、なぜ万引きをしてしまったのか、その理由が栄一郎にもわからなかった。

高齢者の万引きは、決して対岸の火事ではない

栄一郎さんのように魔がさして万引きをしてしまう人は、めずらしくはありません。『犯罪白書』（平成30年度版）を見ても、平成29年に万引きで検挙された65歳以上は2万6106人。そのうち初犯が約43％も占めています。この数字を見ても、栄一郎さんのように万引きしてしまう人が、いかに多いのかがわかるでしょう。

それだけ貧しい高齢者が増えたと思う人もいるでしょうが、悠々自適の生活を送っている人でも、万引きをしてしまう人は少なくありません。

65歳以上ではありませんが、私の知っている人にも、大企業に勤める50代半ばの部長で万引きをしてしまった人がいます。幸いなことに会社に知らされることはなかったのですが、本人は「万引きした理由がまったくわからない」と言っていました。

この知人はお金持ちなので、貧しさから万引きをしたわけではないのは明らかです。まさに「あの人が？」という人が起こした万引きといえます。

このように表に出ていない数を合わせると、万引きしている高齢者はもっと多いことになります。このなかには有名人やスポーツを極めた人も少なくないといわれています。精

神論ではどうにもならない闇があるのです。前節でふれた前頭葉の衰えが原因と考える人もいますが、心の問題が大きいといっていいでしょう。

それでもまだ仕事で忙しい自分には関係がないと思う人は多いでしょうが、高齢者の万引きは決して対岸の火事ではありません。

栄一郎さんの場合、膝を悪くしなければ、万引きしてしまうことはなかったと思います。好きな仕事ができなくなって、生きがいをなくしてしまったのが引き金になったのでしょう。定年後、からだの故障や病気で働けなくなる可能性はだれにでもあります。ちなみに65歳以上の刑法犯の総数は平成29年では4万6246人となっており、初犯の人が約48％も占めています。高齢者の初犯の問題は、なにも万引きだけではないのです。

定年後の生活に夢や理想を見出すことができなければ、刺激的な日々を送ることはできません。そうなると孤独になる人も多いでしょう。魔がさす心理の根底に、欲求不満があるのは間違いありません。

また、高齢者が生きにくい環境になっているのも原因しているでしょう。

バブル世代や団塊世代は、国や会社の恩恵を能力以上に受けてきた「おいしい世代」と見られがちです。実際、40代から下の世代は、就職氷河期やリーマン・ショックなどの影響で、能力があっても憂き目を見てきた人がたくさんいます。年金など、国の保障もあてにできないとあきらめている人もめずらしくはありません。このようなことから嫉妬も買い、バブル世代や団塊世代を必要以上に叩く風潮になっているのも事実です。バブル世代が定年を迎えると、さらに高齢者が生きにくい環境になるでしょう。

年を取るとエロ爺さんになりやすい現実

万引きとともに高齢者の問題となっているのがセクハラ行為です。

私の教え子で大学の教授をしている女性がいるのですが、「男性は年を取ると、みんなエロ爺さんになる」と言っています。実際、介護施設での問題の1つに、高齢男性によるセクハラが問題になっています。

これはセクハラとは関係ありませんが、明石家さんまさんの番組で80歳以上の元気なお年寄りがクイズに答える「ご長寿早押しクイズ」という人気コーナーがありました。珍解答が続出するお笑いコーナーだったのですが、その珍解答にエロ解答が多かったのを覚えている人は多いでしょう。これらのことからも、私の教え子がいうようにエロ爺さんになってしまう人は多いのかもしれません。

高齢者が性に絡んだトラブルに巻き込まれることも増えました。

たとえば、いまの60代、70代でネットをよく使う人は少なくありません。総務省の「平成29年通信利用動向調査」によると、60代で約74％、70代で約47％が、過去1年間で個人のインターネットの利用経験があると答えています。これに伴い、ネットに関するさまざまな性に絡んだトラブルが起こっているのです。

「消費生活年報２０１８」（独立行政法人国民生活センター）を見てみると、アダルトサイトに関するトラブル相談は、60代が最も多く４５２０件、次いで70代が２７７８件。全体に占める割合を見ても60代が約26％、70代が約16％となっています。バブル世代が定年退職すると、もっと増える可能性は高くなるでしょう。

これらの問題は、単にセックスがしたいという単純なものではありません。女性とのふれあいを求めているところも大きいのです。ふれあいといっても、軽いものや精神的なものでかまわないのです。奥さんとの仲がいい人はハードルが高くないでしょう。

たとえば、軽く肩をたたくとか、会話をしていて心がつながっていると感じられるだけでいいのです。最近では、手をつないで歩いている夫婦と思われる高齢者を見かけることが増えました。それだけふれあいを求める高齢者が多いのかもしれません。

ふれあいがない高齢者は、性的なことに集中してしまうのかもしれません。万引き同様、心の問題です。私も妻を亡くし、ふれあいが減っていますので、自分だけは大丈夫と思わないようにしているくらいです。

高齢者も、そしてこれから定年を迎える人たちも注意しなければならないのは、年を取ると、本能によって思ってもみなかった犯罪をしてしまう可能性があるということです。

50代から「定年後の自分」を育てるヒント

・高齢者の初犯増加は心の問題が大きい。決して他人事と思うべきではなく、定年後の自分の心を満たしてくれるものを探しておく。

・アダルトサイトに関するトラブルの相談件数は60代がもっとも多く、続いて70代が多い。無用なトラブルに巻き込まれないようセキュリティ対策などを考えておく。

・高齢男性の性の問題は、実は深刻。年を取って性行為はできなくても、性の衝動はある。アダルトサイトやセクハラなど問題を起こしやすいことを自覚しつつ、日ごろから妻との軽いふれあいや精神的なふれあいを心がけて、問題行動を起こさないようにする。

再就職難民

昔の肩書が全く通用せず、誰も会ってくれない定年後の現実

大手電機メーカーの技術開発部で課長を務める昇司（50歳）は、定年した部長が再就職できないのを知って驚いた。自分の出世ばかり考え、取引先や部下に対して横柄で嫌われてはいたが、技術者としてはかなり優秀だったからだ。取引先で部長の技術力がほしいところは何社かあり、本人も「再就職には困らないよ」と自慢げに話していた。

部長の再就職先が決まらないのは、年収1000万円以下のところは相手にしなかったのも大きかった。取引先の話では、昔の肩書を鼻にかける、つねに上から目線という部長の性格では、いくら優秀でもどこも欲しがらないだろうということだった。

定年から1年経っても、部長の再就職先は決まらなかった。いままでは「年収500万円でいい」と、かつての取引先に声をかけているが、会ってくれる会社はなかった。

再就職で求められるのは昔の肩書ではない

部長は性格がよければ、もしかしたら年収1000万円でも取引先に再就職できたかもしれません。それがいままでは500万円でも雇ってくれるところがない。非常に残念なことですが、こういうケースはめずらしくはありません。

いくら技術者としての能力があったとしても、性格が悪いとわかっていて採用する会社はないでしょう。一緒に働く仲間なのに昔の肩書を鼻にかけ、つねに上から目線では、たまったものではありません。即戦力以前の問題です。

少し考えればわかりそうなものですが、能力さえ高ければ定年後の再就職は大丈夫と思っている人は少なくありません。プライドが高すぎるあまり傲慢になっていることに気づけないのです。高い能力をもっていても謙虚でなければ再就職できないといっても過言ではないでしょう。

部長の場合、技術者としてはかなり優秀だったにもかかわらず、再就職先が1年経っても見つからなかったのは、取引先以外での面接のときにも性格が災いしたのでしょう。

昇司さんの場合、定年までまだ10年ありますが、自分の能力を高めながらも、部長のようにならないために、いまからだれに対しても謙虚な姿勢を崩さないよう、心がけるべきです。

部長以上に定年後の再就職が難しいと考えられるのが、会社である程度の役職に就いていただけの人です。自分の能力を高く評価し、人材としての価値があると錯覚しているからです。技術者の場合は能力がわかりやすいところがあるのですが、現場で指揮をとっていただけの管理職の場合、能力が評価されないことは少なくありません。

では、どうしてこのようなことが起こるのでしょうか。

それは会社がその役職に対して給料を払っていることがほとんどだからです。役職定年になると、年収がこれまでの2割ほど下がる人が多いのはこのためです。

これが定年後の再就職となると半分から4分の1になる人がほとんどですが、それでも再就職先が見つかるだけマシです。昔の肩書が全く通用せず、面接までたどり着けない現実に直面する人が多いからです。

求められるのは昔の肩書ではなく、即戦力として使えるか、人柄がいいかです。つまり、ほかの会社でも、人柄を含めた能力が通用するかどうかなのです。

それなのに定年間近になって再就職の準備に取りかかる人は多い。大企業で出世した人ほど、この傾向が強いといってもいいでしょう。そして、定年とともに厳しい現実を痛感してしまうのです。

そんなこと知っているよ、と思う人も多いでしょうが、どこか他人事ではないでしょうか。年収1000万円以上もらっていた人が、定年後は再就職先が見つからず、時給1000円でアルバイトするケースも、決してめずらしいことではありません。

昇司さんの場合、部長の定年後で危機感を抱けたのは幸運だったといえます。働き方やキャリアを見直す、いいきっかけになったからです。定年後の再就職先に備えるには、50歳からでも早過ぎることはないのです。

年収よりも健康長寿につながる仕事を探す

定年後も満足できる再就職先を見つけたいのなら、時代の流れを読まなければなりません。時代が必要としない能力がいくら高くても評価されることはないからです。また、いくら昔の肩書が素晴らしくても意味がありません。これは私にもいえることです。

たとえば、私は本を書いていますが、編集者が私に価値がないと判断すれば、声をかけてくれないでしょう。価値があると思われても本が売れないことが続けば、相手にされなくなります。これはかつてベストセラーを何冊も出した著者も例外ではありません。これまで売れる本をたくさん書いてやったのにと怒っても、余計に人が離れていくだけです。

昇司さんは会社での仕事をきちんとこなしながらも、自分が蓄積してきた能力のどの部分を伸ばしていけば時代が必要としてくれるのか見極めるべきです。そうすれば、定年までに身につけた能力や経験を活かした仕事が探しやすくなるでしょう。

ただし、定年後の再就職は、なにも正社員にこだわる必要はありません。金銭的に苦しくないのなら、契約社員でもアルバイトでもかまわないでしょう。長く続けることができて、やりがいを感じることができるのなら、どんな仕事でも世のなかの役に立つものです。ただ、体力的に無理がある仕事は避けたほうがいいでしょう。定年後にからだを壊してしまえば、充実した日々が送れなくなってしまいます。

かつて年収1000万円だった人が、定年後は時給1000円でマンションの管理人をして、趣味の時間を確保しながら充実した日々を送っているケースもあります。

定年まで十分働いたから、自分の好きなことで週に2、3日、数時間でいいから働きたいという人も少なくありません。からだを動かすことで健康にもつながる仕事はいくらでもあります。

年収ではなく、やりがいや社会貢献を条件に再就職先を探す人もめずらしくはありません。人に必要とされることで、生きがいを感じる人が結構いるといってもいいでしょう。

健康長寿を望むのならば、仕事を続け、生産性のある人生を送ったほうがいいでしょう。本当に打ち込める仕事をもつことこそ、人に生きがいと若さを与えてくれます。

50代から「定年後の自分」を育てるヒント

・再就職をするなら、定年間際に慌てて探すのでは遅い。年収ではなく、やりがいや社会貢献などを条件に、謙虚な気持ちでどのように自分が貢献できるかをいまから考えておく。

・再就職の際の評価は元の肩書ではない。いくら高い能力があっても、それだけでは再就職にはつながらない。決して元の肩書をひけらかしてはいけない。

・再就職でやりたい仕事を選ぶのは必ずしも得策ではない。年齢を考え、体力的に無理がある仕事は避けるべき。からだを壊してしまえば、充実した定年後が送れなくなる。

・健康長寿を望むのならば、再就職で仕事を続け、生産性のある人生を送ったほうがいい。

［第3章］

焦りは禁物！周りと比べるのは無意味

――焦燥感の上手な抑え方

勝ち負け

50代で同窓会に行ける人、急に来なくなる人、避ける人

中小企業で働く誠二（52歳）は、昔から同窓会が嫌いだった。大学受験に失敗し、専門学校に通ったが中退。仕方なく適当な会社に就職したこともあって、自分のことを負け組と思っている。そのため勝ち組の自慢話が屈辱的に思え、もう30年近く同窓会には行っていない。誠二の中学、高校のときの友だちも負け組だったため、だれも同窓会に顔を出そうとはしなかった。

ところが、50歳を超えてから、同窓会に行きたがる友だちが増えてきた。定年が見えてきたため、定年後の人脈がほしいのか、単に寂しくなったのかはわからないが、誠二はそんな友だちを軽蔑し、自分だけは絶対に行かないと決めていた。ただ、同窓会の案内状がくるたび自分が負け組であることを思い知らされるため、不快で仕方がなかった。

勝ち負けと定年後が錯綜する50代の同窓会

人生がうまくいっていない人が、同窓会に行かないのは当たり前です。

うまくいっているかつての同級生の自慢話を聞いても、自分は負け組と思っている誠二さんのような人からすれば、屈辱的なのはわかります。同窓会に急に来なくなった人も、人生がうまくいかなくなった人が大半でしょう。定年後に同窓会に顔を出さないのも、単に健康の問題だけではないと思います。同窓会に行くか行かないかで、その人の人生がうまくいっているかどうかがわかるところもあると思います。

ただ、50歳を超えてから、誠二さんの友だちで同窓会に行きたくなる人が増えてきたのは不思議です。

国内宿泊予約サイト「ゆこゆこネット」の運営をするゆこゆこホールディングスが２０１６年に発表したシニアの同窓会に関する調査を見てみると、この1年間に同窓会に参加したと答えた50代は24・８％です。それが60代では42・５％、70代では62・２％と、年齢が上がるにつれて大幅に増えています。

負け組でも、年を取るにつれて勝ち負けにこだわらない人生が送れるようになった人が増えてきたのは事実で、喜ばしいことですが、定年後の人脈がほしい、単に寂しくなったという人も多いのかもしれません。楽しい集まりなら、行ったほうがいいのですが、そうでないのなら無理して行く必要はありません。打算でつくった友だちなんて続かないからです。再就職先を紹介してもらおうという下心で勝ち組に近づいたとしても、紹介してくれることはまずないでしょう。友だちの数が増えたとしても質が伴わなければ、虚しいだけです。

50代の同窓会は定年準備のきっかけにする

会社での人間関係が定年後になくなることに気づいている人は多いでしょう。定年した元上司を見ても明らかだと思います。地域のボランティアやサークル活動に参加するのも悪くはないのですが、定年まで地域とのつながりがない人にとっては、ハードルが高いものです。

こうなると定年後に生きがいや社会貢献を目的に働く準備をしたほうがいいのは、すでに書いたとおりです。誠二さんの場合、負け組というコンプレックスがありますが、男性の平均寿命は81・25歳です。あと30年、40年人生が続いてもおかしくはないのです。このままでは、長生きする意味を見出すのが大変になってしまいます。

他人との比較は自己肯定感を損なうだけで、苦しみの原因になります。比較に終わりがないことに、誠二さんは早く気づくべきです。自己肯定感を育てれば、前向きな自分を保つことができるようになってきます。

定年後も活き活きと働けるのであれば、職場での人間関係もよくなるでしょう。そこで新たな友だちもできると思います。その準備のために、いまの職場での仕事の取り組み方が前向きになれば、働きがいもいくらか出てくるでしょう。そして、いまでも付き合いのある友だちを大切にするといいでしょう。そうすれば定年後、孤独とは無縁の充実した日々が送れるようになるはずです。

50代から「定年後の自分」を育てるヒント

・同窓会は最初は懐かしくて楽しいが、相手に深入りすると、自分との比較になり、おもしろくなくなる。参加するのであれば、あくまでも軽い付き合いにすべき。

・同窓会は勝ち負けを確認する場にするのではなく、定年準備のきっかけとする。

プライド

男らしさ、上下、学歴、肩書……こだわるほど孤独を深める罠

建設会社を定年退職した隆司（60歳）は、高校、大学と柔道部で活躍し、OBの紹介で簡単に就職できた。仕事ができるほうではなかったが、体力と気力が評価され、自信家だったのもプラスに働き、実力以上の出世ができた。ただ、体育会系の人によくある男らしさを求め、パワハラともとれる上下関係の厳しさで部下と接していたため、嫌う人や敵も多かった。

定年後はハローワークで再就職先を探したが、なかなか見つからなかった。すると警備員や清掃員のアルバイトを勧められてバカにされたと思って激怒し、職探しをやめてしまった。地域のボランティアやサークル活動に行ってみたが、自分より年下や女性に横柄な態度をとったため嫌われてしまい、居場所がなくなってしまった。

定年後のプライドは百害あって一利なし

隆司さんの場合、柔道で培った体力と気力は素晴らしいものがありますが、変な体育会系気質が裏目に出て、敵をつくってしまったのは残念です。ただ、隆司さんの世代は体育会系の人間関係が評価されて入社し、出世した人がめずらしくはなかったのも事実です。そのため余計にプライドが高くなってしまったのかもしれません。

体育会系だからプライドが高いというわけではありません。プライドが高い中高年は少なくないといったほうがいいでしょう。実際、このプライドの高さが災いし、再就職先が見つからない人は多いといってもいいでしょう。

定年後のプライドとかつての肩書は、たいていの場合、根拠のない自信にしかなりません。輝かしい経歴がある人でも、指示だけを出して部下が働いていただけで、実は自分ではなにもできない人は多いようです。このような人は、かつて役員だった人にもいます。

そのためハローワークに行って、いろいろと質問されても必要とされる能力がないため、「人の管理ならできる」と不機嫌に答えてしまう人がいるくらいです。隆司さんの場合も、パワハラともとれる厳しさで部下と接していたため、その可能性は高いかもしれません。

このような人は、まず偏った男らしさと上下関係を捨てる努力をしてもいいくらいです。

一流大学出にも、変にプライドの高い人は少なくありません。これは定年者だけでなく、全世代にいえることです。一流大学を出たというだけで、あたかも一生保証される特権を得たように思い込み、仕事ができなくても会社や人のせいにしてしまう人はめずらしくはありません。そのため社外でのコミュニケーションに支障をきたしたり、定年後も一流大学を出たというプライドを捨てられない人は少なくありません。

定年後は「恩返しのアルバイトをしている」と思うようにする

隆司さんは警備員や清掃員のアルバイトをバカにしていますが、これらの仕事も人の役に立つ立派な仕事です。物腰などを見ていると、元は一流企業の部長だったことがうかがわれる警備員が近所のスーパーにいますが、そういう方は多いような気がします。まずは気軽な気持ちでやってみて、イヤになれば辞めればいいだけのことです。

警備員や清掃員でなくても、興味のあるアルバイトを探してみるのもいいでしょう。定年までいた業界のアルバイトをしてみれば、重宝されるかもしれません。こうなれば承認欲求も満たされ、充実した日々が送れることにつながる可能性が出てきます。

私の知っている人にも、一部上場の金融会社で支店長をしていたプライドの高い人が、定年後に再就職先が決まらず、渋々クレジット会社でアルバイトを始めた人がいます。

最初は「屈辱的で仕方がなかった」と言っていましたが、「同業大手の元支店長がアルバイト先にいて仲良くなったため、いくらかプライドを保つことができるようになった」と言っていました。そのうちお酒を飲みにいく仲になり、「お互いに定年まで十分稼いだのだから、いまは恩返しのアルバイトをしている」と思えるようになったというのです。

この人は65歳までアルバイトをしたあと、地域のカラオケサークルに入り、70歳になったいまでも、充実した日々を送っています。アルバイトでの経験があったからこそ、地域でも居場所を見つけることにつながったといってもいいでしょう。

50代から「定年後の自分」を育てるヒント

・偏った男らしさや上下などの考えは、定年後には通じず、孤独を深めるものと知る。
・定年後の再就職は異業種の正社員にこだわらず、同じ業界で「恩返しをする」意味でアルバイトをしてみるのもいい。業界を知っている経験が活かされることもある。

例外病

豊富な人脈と十分な老後資金で自分だけは安心と考える罠

大手住宅メーカーで営業部長を務める直樹（54歳）は、一流大学のラグビー部出身だった。そのため大学時代の人脈も豊富で仕事に活かせていた。2人の息子も自分と同じ大学を卒業し、人脈を使って簡単に大企業に入れることができた。夫婦仲もよく、国内だけでなく海外へも年に何度か旅行に出かけるほどである。健康診断で引っかかったことは一度もなかったので、趣味のランニングとダイビングを生涯続けるつもりだった。

定年を機に直樹は実家の不動産業を手伝うつもりだったので、再就職先の心配もなかった。豊富な人脈を使って事業を拡大し、実業家として活躍する夢ももっていた。お金にも健康にも家族にも不安な要素がなかったので、自分ほど人生100年時代を謳歌できる者は、そういないと信じて疑わなかった。

お金、病気、孤独……「自分は関係ない」という心理

孤独や年金、病気など、定年後の生活に不安を感じる人は多いでしょう。悠々自適の生活を送れる人はわずかだと思います。思うように再就職できる人も少ないでしょう。

総合旅行プラットフォームのエアトリが2019年に行ったアンケート調査では、定年後の貯蓄について、「不安でない」と答えた人は16・9％しかいませんでした。定年後に働いている人の割合は64・6％と少なくなかったのですが、収入を見てみると300万円以上400万円未満が22・2％、200万円以上300万円未満が17・0％、それ以下が21・9％で、約6割の人が定年前よりも年収が大幅に下がっていると思われます。

これらの人からすれば、直樹さんは完全に勝ち組に見えるでしょう。お金だけでなく健康にも家族にも恵まれ、再就職先の心配もなく、明確な夢ももっています。54歳でここまで定年後の見通しが明るいのは、たいしたものです。

ただ、直樹さんのような人でも、定年後に不安が訪れても不思議ではありません。どれだけ健康な人でも、定年後に大病する人は少なくないからです。このリスクは年を取るほど増していきます。

直樹さんは趣味のランニングとダイビングを生涯続けるつもりですが、激しい運動をする人たちが意外と短命なのは、医者の間ではよく話題になるくらいです。このことから考えると、直樹さんが短命になってもなんら不思議はないのです。

お金の問題に関しても、直樹さんは実家の不動産業を手伝い、ゆくゆくは事業を拡大しようと考えていますが、失敗すれば借金を背負ってしまうかもしれません。豊富な人脈をもっているといっても、それがあてになるとは限らないでしょう。

意地悪な見方をしてみましたが、私は定年後の不安がない人はいないと思っています。自分だけは大丈夫という例外なんてないと思っていたほうがいいでしょう。

100歳人生で「自分だけは例外」は通じない！

例外なんてないと言うと、例外はあると主張する人がいます。

たとえば、聖路加国際病院名誉院長の日野原重明さんは100歳を超えても現役の医者でした。プロスキーヤーで登山家でもある三浦雄一郎さんは80歳でエベレストの登頂に成功し、87歳の現在でも登山家として活躍しています。

このような例は間違いなく例外なのですが、それが自分に当てはまることはまずありません。このような人は1億人に1人の確率といってもおおげさではないでしょう。それでも例外を目指そうとする人はいますが、失敗に終わるのは目に見えています。下手をすれば、せっかく貯めたお金を失ったり、ケガをしたり、命を失ったりするかもしれません。

健康法についてもそうです。医学的根拠があるものならいいのですが、怪しげな健康法がごく一部の人にだけ効果があったにすぎないのに、わざわざ試す人もめずらしくはありません。これではかえって健康を害してしまう恐れがあります。

意外と思われるかもしれませんが、心配性の人で長生きは多い。これは自分だけは例外とは思わないからです。自分のからだの状態に慎重になり、悪くなる前に病院に行って、医者の言うことを聞こうとするのが長生きにつながっていると考えられます。

50代から「定年後の自分」を育てるヒント

・健康の問題に関しては、たとえ勝ち組であって豊富な人脈や十分なお金があったとしても、加齢とともに襲いかかるリスクは高まる。健康に限らず定年後の不安は万人に共通であり、50代の時点での自分を見て「自分だけは大丈夫」と安易に考えない。

焦燥感

定年後の下準備ができている人に焦りを感じはじめている

大手不動産会社で課長を務める久志（59歳）は、定年後の再就職先が決まっている同期に焦りを感じていた。久志よりも出世した者が多かったが、50代半ばから再就職のための準備をしてうまくいった者もいた。大企業に勤めているからなんとかなると思っていた久志は、会社が定期的に行っていた定年後に向けてのセミナーにも参加していなかった。定年まで半年となった時点で動きだしたが、現実の厳しさを痛感していた。

ただ、出世とは無縁の同期でも再就職先が決まっているのには納得がいかなかった。再雇用制度を使って会社に残る道もあったが、年収が新入社員と同じくらいになるのはプライドが許さなかった。気力、体力ともにまだまだ自信のある久志に、定年後は働かないという選択肢はなかった。

再雇用制度を使ってでも会社に残る選択肢

定年が近づいてくると、定年後の人生に危機感や不安を覚える人は結構います。定年後も働こうと思っている人なら、先行き不透明なこの時代、再就職先が決まらなくて焦るのは当然でしょう。日本はかつて経験したことのない人生１００年時代に突入し、政府が働きたい高齢者に対し70歳までの雇用確保を企業に求める具体的な方針を示したりしているのでなおさらです。ただ、健康を害してしまえば働くことはできませんので、ある意味だれもが先行き不透明な定年後といってもいいでしょう。

このような状況であるため、最近では50代半ばから再就職先への準備をする人はめずらしくはありません。定年後の生活が充実したものになるよう、会社がセミナーを開いてくれるところも増えています。これらのことを考えると、久志さんは明らかに準備不足ですが、大企業に勤めている人で定年が迫ってから動きだす人は少なくありません。

定年が迫った人が慌てて再就職先を見つけようとしても、うまくいかないのは当然です。大きな仕事を成し遂げた経験があるとしても、大企業にいたからできたことといっても過言ではないでしょう。

ただ、定年後のブランクが長くなるほど、再就職が難しくなります。即戦力として働ける人でも、仕事の勘が鈍ってしまいます。

これらのことを考えると、久志さんの場合、不本意でも再雇用制度を使って定年後も会社に残るべきです。年収が新入社員ほどになるとはいうものの、アルバイトをするよりははるかに稼げるはずです。

気力、体力ともにまだ自信があり、決定権はなくなるものの、これまでの経験が活かせるわけですから、仕事を楽しめばいいのです。決して悪い選択ではありません。新入社員になったつもりで、なにごとにもチャレンジしてみるといいでしょう。わからないことがあれば、謙虚に若手社員に聞けばいいのです。そうすれば、周りから会社にしがみついているとは思われないでしょう。

このようなことを書いても、時間がかかってでも再就職先を探すほうがいいという人が出てきますが、定年が近づいてもあてがないのなら望みは薄いでしょう。若手にない圧倒的な経験がほかの会社の実務で活かせるのでないのなら、履歴書を送ったところで面接にすらたどり着けない人がほとんどです。このことを証明するかのように、独立行政法人経済産業研究所が２０１９年に発表した調査では、65・６％もの人が定年を迎えて、同一企業で再雇用制度を利用しています。

久志さんは幸運な同期と比べるから焦るのです。再就職先が決まったとしても、すべての人が満足して働いているわけではありません。

私の弟も医者をしていて千葉県でホスピスを開業したのですが、運転手の募集をかけたところ、大手証券会社の部長だった人が応募してきました。もちろん運転手の仕事がしたいのならいいのですが、どうやら再就職先が見つからなかったみたいなのです。この人は採用されましたが、妥協の再就職です。このような人はめずらしくはなく、会社の重役をしていたのに、定年後は再就職した会社に満足できず、職を転々としている人は私の周りにもいます。

意外な人ほど再就職に成功するカラクリ

かつての肩書は意味がない話は、すでに書いたとおりです。大企業に勤めていた40代、50代の人でも、独立してからこれまで交換した名刺を頼りに何百枚もの挨拶状を送っても反応はゼロということもあるくらいです。これが定年後ならなおさらでしょう。それなのに退職金を元手に起業する人が少なくないのですが、たいていの場合、失敗に終わります。

これでは老後の資金まで使い果たし、生活ができなくなってしまう恐れがあります。起業するにしても、初期投資が少なくて個人でできるものに止めておくべきです。

かつてとはいえ、肩書がある人でも起業だけでなく再就職のときも通用しない人が多いのに、たいした能力のない人が再就職に成功することはあります。ただ、このような成功はコネであることがほとんどです。

たとえば、親や兄弟、親戚が会社を経営していたため、うまくいったケースです。このような人に対して、焦っても仕方がありません。恵まれた人には勝てないからです。

ただ、社外の友だちがコネになることはあります。経営コンサルタントのなかには、転職や定年後の再就職は友だちのコネを活用すべきという人もいますが、私もコネがすべてといえるところがあると思っています。

友だちなら損得勘定抜きに、困っているときは自分のことのように力になってくれることはあります。このことを考えても、かつての肩書よりもコネのほうがあてになることがわかるのではないでしょうか。会社の人脈は辞めればなくなりますが、友だちならそんなことはありません。

久志さんの場合、もう遅いでしょうが、定年まで時間がある人は、会社の人脈よりも社外の友だちを増やすほうがいいでしょう。打算での付き合いは意味がありませんが、趣味などを通じて仲よくなった友だちなら、目に留まることがあるかもしれません。たとえコネにならなくても、定年後の友だちが増えることは人生を充実させることにつながります。これも定年後の準備として重要なことです。

50代から「定年後の自分」を育てるヒント

・定年後の準備とは「再就職の準備」でもあり、50歳を過ぎて早く始めるに越したことはない。いまの肩書や人脈の多さだけでなんとかなると安易に考えない。

・再就職先は定年間際ではなく、50代で時間をかけて定年までに決めておく。定年後にブランクを置いて再就職すると、即戦力としての勘が鈍り、再就職活動に支障をきたす。

・会社に再雇用制度がある人の多くが会社に残っているのも現実。積極的に活用しよう。

・別の会社にすぐ再就職できてこそ、本当に人脈があることの証。意外な人があっさりと再就職先を決めている場合は、コネの力が大きい。定年後の準備として、再就職につながる社外の友だちを増やしておく。

成功体験

「こうだ」「こうあるべき」……行動を逆に狭めるNG思考

広告代理店で営業部長を務める義弘（54歳）は、自分は成功者だと信じて疑わなかった。高校時代はテニスでインターハイに出場し、現役で一流大学に入ってからは広告研究会に属して学園祭を盛り上げ、役員をしていたOBの誘いで、いまの広告代理店に入社した。バブル期ということもあって、新人ながらも手掛けた仕事すべてに手応えがあり、バブルが弾けてからは人一倍働くことで出世街道を歩んできた。

ところが最近では、かつての成功体験に頼りすぎる義弘の仕事のやり方に部下たちが反発するようになった。義弘も自分のやり方が古いと思っていたが、それを認めるのは負けを認めるような感じがし、頑なに部下のやり方を認めなかった。そのため役員の反感も買って子会社へ出向させられた。完全に自信を失った義弘はいま、心療内科に通っている。

成功体験に固執するほどリストラ候補に

会社のお荷物社員と偏見の目で見られ、なにかと叩かれることが多いバブル世代。最近ではその偏見が45歳まで下がり、人材としてのコスパが悪いということでリストラ候補にされています。優秀な人も年齢でお荷物社員にされているのは気の毒なことです。

２０１９年5月にトヨタ自動車の豊田章男社長が「終身雇用を守っていくのが難しい局面に入ってきた」と発言し、日本経済団体連合会の中西宏明会長も終身雇用について「制度疲労を起こしている」と語ったことから、これからも多くの優秀な人を含めた45歳以上を対象としたリストラが増えるかもしれません。

義弘さんのようにかつての成功体験に頼りすぎる人は、部下たちの反発に遭うだけでなく、真っ先にリストラの対象になるでしょう。このような問題は、すべての業界で発生しているといっても過言ではありません。かつての成功体験ではなく、いま成功するにはどうしたらいいのかが重要なのです。いま通用しない成功体験に価値はありません。バブル世代以上の人は、このことがわかっていない人が意外と多いので注意しておきましょう。

義弘さんの場合、高校、大学でも輝かしい成功体験があるため、この傾向が余計に強いのかもしれません。これでは部下が反発するのも無理はありません。まだ子会社への出向ですんだので、不幸中の幸いといっていいでしょう。人一倍努力ができるのは素晴らしいことですので、「こうだ」「こうあるべき」「こう思われたくない」といった偏った考え方をやめ、素直に部下の意見にも耳を傾けるよう心がけるべきです。このままでは義弘さんだけでなく、部下の仕事の幅も狭くなってしまいます。

薬は不要！　「べき思考」をやめればうつはよくなる

心療内科に通っている義弘さんの場合、うつが心配です。だれでもうつになる可能性はあるのですが、義弘さんのように「こうしなければいけない」という「べき思考」の人は、いまの時代に向いていません。この性格が引き金となって部下からの反発、役員からの反感、子会社への出向という顛末は、完全に人格を否定されたかのように感じたはずです。職場環境の変化だけでなく、疲れも溜まっていたのでしょう。これではうつになっても不思議はありません。

私は、この世のなかでこうあるべきなんてことはないと思っています。「べき思考」は自分の思いつきで基準を決めているだけで、なんの根拠もないとすら思っています。この思い込みを変えない限り、うつが改善しても再びうつになってしまう可能性があります。

うつになると、周りの状況すべてが自分を責めているように感じてしまいます。周りの状況を冷静に見ることができないというよりは、周りのことはどうでもいいという「自分のダメさ」にしか思考が向かなくなります。これでは出向先でもうまくいきません。

義弘さんはいま通院していますが、私が見るかぎり、その必要はありません。「べき思考」をやめるだけでいいのです。心療内科で処方された薬を飲むうちに薬が手放せなくなり、その薬が原因で別の病気になってしまった人を私は多く見てきたので、心配です。「べき思考」は自分の行動や可能性を狭めてしまうと肝に銘じてください。

50代から「定年後の自分」を育てるヒント

- **「こうだ」「こうあるべき」「こう思われたくない」といった偏った考え方は、部下の行動はおろか自分のいまや将来の可能性をも狭めてしまう。**
- **うつ病の治療法の一つの認知療法では、「こうすべき」という考えを止めるように教えている。「べき思考」をやめれば、うつになる可能性が低くなる。**

過去自慢

昔の栄光や武勇伝ばかりでは、「いま」「これから」に向き合えない

鉄鋼会社の大阪支社長を務める康雄（58歳）は一流大学に進み、入社後は営業部で根性を武器に会社に貢献。その業績が買われて支社長になった。ボス肌で部下の面倒見もよかったので好かれていたが、昔の栄光や武勇伝ばかり話すのと、前例のないことを認めたがらないのには不満を抱く部下は多かった。家庭でもこの傾向があるため、2人の息子から嫌がられていた。とくに長男は康雄が母校のことを自慢ばかりし、自分をバカにするので、大学に行くと父親のようになると思い、高校卒業後に就職した。

康雄は愛妻家だったので家事を手伝うために料理教室に通ったが、家で料理をつくったことはなかった。定年後の再就職を見据えてパソコン教室の実践コースに通ったが、修了したことに満足しただけで、仕事にも趣味にも活かそうとしなかった。

自慢話は非難していると受け止められる

バブルの頃、「24時間戦えますか」というドリンク剤のテレビCMが注目されましたが、いまこういうCMをテレビで流したら、ブラック企業を応援するCMとして大問題になるでしょう。働いたぶんだけ給料に反映された時代だからこそ、このようなCMが受け入れられたのかもしれません。忙しくとも現代人に比べて人々の心にゆとりのある、古き良き時代と思う人は多いかと思います。

バブル世代で、昔の栄光や武勇伝ばかり話す人はめずらしくはありません。たとえば、徹夜で働いたときのことを武勇伝のように話すのもこの世代が多いのは、このCMの影響も少しはあるかと思います。バブルを知らない40代以下の世代の人たちの話を聞いていると、「大学さえ出ていればだれでも10社、20社、正社員の内定をホイホイもらえた」「バブル期なら、だれでも成果を上げることができた」と冷ややかに見ている人は多いので、これでは余計に嫌がられてしまいます。とくに就職氷河期に入社した40代から目の敵にされても仕方がないのかもしれません。

康雄さんはボス肌で部下の面倒見もいいので、昔の栄光や武勇伝はしないほうがいいでしょう。せっかくの長所が台無しになってしまいます。「すごいですね」と言ってくれる部下がいたとしても、それは康雄さんが自分の出世を左右する上司だからです。このことを忘れてはなりません。

昔の栄光や武勇伝の話は、自分の子どもの反応が部下の鏡になっていると思ってもいいでしょう。康雄さんの場合、2人の息子から嫌がられていますので、部下も内心では迷惑しているのです。自慢話のつもりで言ったわけでなくても、相手はそう取ってはくれません。「おまえら、こんなこともできないのか」といったように、非難されていると感じてしまうでしょう。なかには劣等感をもってしまう人もいます。

この失敗は私にもあります。息子に少しは尊敬してもらいたいと思って自慢をしたことがあるのですが、息子は自分が非難されていると思ったのか、怒りだしたのです。

ですから、部下の前で昔の栄光や武勇伝はしないほうがいい。過去ではなく、いまの栄光や武勇伝をつくるべきです。これなら部下たちも評価してくれます。尊敬もしてくれることでしょう。前例のないことを認めないのではなく、前例がなかったら自分でつくるくらいでなければ、これからの上司は務まりません。仕事で結果を出すのも難しいでしょう。

一流大学卒で人間性まで信頼される時代は終わっている

「いま」「これから」に向き合えない典型的なタイプに、学歴を自慢する人を挙げることができます。一流大学に入った時点では、たしかにすごいかもしれませんが、それでも勉強ができたという評価に過ぎません。入学してから勉強しなかったり、入社してから努力をしなかったりすれば、そこで成長がストップしてしまいます。

ところが、この当たり前のことに気づけない人が、バブル世代から上の人に意外といます。「あいつは一流大学を出ているから信頼できる」といったように、一流大学を出たら、その効力は一生続き、人間性までも信用できると思い込むのは間違いです。これではこれからの時代、お荷物社員と評価されてしまうかもしれません。

ただ、学閥がある会社はめずらしくはないので、このような人でも、能力以上に出世できた人もいました。入社した時点で出身大学によって、どこまで出世できるかが決まってしまう会社もあります。だから、日本人の労働生産性が2018年時点で48年連続、主要先進7カ国（G7）で最下位なのかもしれません。

もう30年以上も前の話ですが、ある大企業では毎年、夏に内定者を呼んで交流会をしていたのですが、一流大学の人はパーティ会場に招かれ、それ以外の大学の人はグランドでソフトボールをさせていました。

パーティ会場からはグランドが見えました。そして、人事部長は会場にいる内定者にグランドを見るよう指示し、「あそこで泥んこ遊びをしている者たちは出世できない。わが社を担う人材はきみたちだ」と言っていたのです。

ここまでひどい会社も滅多にないでしょうが、昔は出身大学で出世が決まる会社はめずらしくはありませんでした。30年ほど前といえば、当時の新入社員は50代です。これらの世代で学歴を過大評価し続け、「いま」「これから」と向き合ってこなかった人がいても、なんら不思議ではないのかもしれません。そのため人事部からお荷物社員と評価され、リストラの憂き目に遭った人も少なくないでしょう。会社に残れたとしても、これでは定年後の再就職先が見つかるわけがありません。

康雄さんの気になるところは、前例のないことを認めたがらない、料理やパソコンの教室に通っても、そこで習得した技術を実践で活かそうとしないことです。このような人は部下の仕事の粗探しには長けています。前例のないことには手を出しませんので、大きな失敗も成功も少ない。しかし、習得した技術を活かさないのなら、習い事なんてお金と時間がムダになるだけです。

康雄さんは定年後も満足して働ける再就職先を見つけたいのなら、まず昔の栄光や武勇伝などの自慢をやめ、前例のないことでも前向きに考え、自宅で料理をつくり、パソコンのスキルを仕事や趣味で使ってみるといいでしょう。こちらのほうが、人生が楽しくなります。そして、定年までの2年でどのような再就職先を見つけたいのかを考え、見つかったら、そのためにできることをしてみるのです。根性があり、ボス肌で部下からも好かれている康雄さんのことですので、これらのことを実行するだけで道が大きく開けると思います。ひいては家族の関係もよくなるでしょう。

50代から「定年後の自分」を育てるヒント

- **部下や家族に昔の栄光や武勇伝を話しても、一生嫌われるだけと肝に銘じておく。**
- **栄光や武勇伝は自分で語るべきではない。前例のないことを自ら進んで取り組んで実績をあげ、部下があとに続きやすい環境をつくることで、先駆的なあなたの武勇伝を誰かが語るくらいでいい。**

正当化

過去の成功法則が忘れられず自己無謬性に凝り固まる人

広告プロダクションでプロデューサーを務める正志（58歳）は、20年前に現在の一番の得意先を開拓した。その功績を社長は高く評価しており、社員が30人足らずの会社だったこともあって、正志の社内での権限は絶対的といえるほど大きかった。ところが、正志はこのときの成功法則から外れた考え方ができなくなり、周りから反感を買っていた。正志と意見が合わなくて会社を去った者も多く、そのなかには優秀な者も多数含まれていた。

最近では会社の経営が苦しく、このままでは倒産は免れない状態だったが、正志の自己無謬性のため社長は働き方改革を行えずにいた。だが、ついに社長の逆鱗に触れた正志は会社を辞めた。自分の成功法則に自信をもっていた正志はフリーのプロデューサーになって営業をかけたが、3ヵ月経っても仕事の依頼はなかった。

自己無謬性が強いのは「老害」の証拠

過去の成功体験がいつまでも通用することはありません。時代が変わると価値観も変わるため、どんな成功体験も色あせてしまいます。こんなことは少し考えればわかることですが、正志さんのように自己無謬性の人は多く、失敗しても人のせいにしたり、自分の考えに間違いはなかったと正当化したりする人もいます。

ただ、悪いのは正志さんだけではありません。社長がしっかりしていれば、こんなことにはならず、優秀な社員が辞めていくのもいくらか食い止められたはずです。小さな会社では社長でも頭が上がらないベテランや功績者がいることはめずらしくないのですが、これからの時代は、このような会社は生き残ることができないでしょう。

社長が正志さんの功績をいつまでも高く評価せず、遠慮なく現在の仕事の結果で評価していたら、正志さんも会社の業績もここまで悪くはなっていなかったでしょう。本当は正志さんも過去の成功法則が通用しないのはわかっていたはずです。しかし、しがみつくしかなかったのではないでしょうか。これでは新しいチャレンジもできなくなってしまいます。「老害」と陰口を叩かれても仕方がないでしょう。

ただ、このままでは正志さんは職だけでなく、友だちも失ってしまうかもしれません。「老害」と見られる人の多くは、自己無謬性の傾向が強いからです。このような人は若い世代だけでなく、すべての世代から煙たがられてしまいます。

60代は本来、起業より引退・廃業する年代

正志さんの場合、まだ起業していなかったのが不幸中の幸いです。初期投資やランニングコストを失わずにすんだからです。起業は若い人がするイメージがある人は多いかもしれませんが、60歳以上が3分の1を占めるといわれています。しかし、私はかなり恵まれた状態でない限り、60歳以上の人が起業するのは危険と考えています。チャレンジするのはいいことですが、老後のお金の不安が出てくるような挑戦はやめておくべきです。

東京商工リサーチの「2018年『休廃業・解散企業』動向調査」を見ると、解散した60代の代表者は全体の29%を占めています。70代の次に多いのですが、優秀な人でも気力、体力がなければ成功しないといってもいいでしょう。起業する年代ではなく、むしろ経営者を引退する年代と捉えるべきでしょう。

定年後にまとまったお金が入るため起業する人もいますが、たいていの場合、失敗に終

わっています。起業ではなく投資につぎ込んでしまう人もいますが、あくまでも老後のお金に不安が出ない程度にしておくべきです。

正志さんの場合、会社を辞めるべきではなかったのですが、辞めてしまったものは仕方がありません。ただ、以前のように稼げないと思っておいたほうがいいでしょう。収入が3分の1以下になっても不思議ではありません。ならば定年が2年早まったと思って、自分の興味があることで長く働けそうな仕事を探してみるといいでしょう。アルバイトでもかまいません。このまま仕事がないよりも楽しく70歳まで働けるとしたら、こちらのほうがいいのではないでしょうか。

50代から「定年後の自分」を育てるヒント

・過去の成功事例はそのとき1回きり。成功の法則を見い出したとしても当てにならない。価値観は時代とともに変わることを知る。

・自己無謬性が強い人ほどリストラされたり、友人を失うなどのデメリットが大きい。50代は定年まで働くためにも、周りから「老害」と思われない配慮が大切。

転職失敗

転職で「負け」を意識し、精神的に追い詰められる悲劇

中堅電気メーカーの総務部で課長代理を務める竜也（50歳）は、3年前に同じ規模の電気メーカーから転職した。転職した会社のほうが将来性を感じたというのが表立った理由だが、部下の管理や部門間の調整、根回しが主な仕事で、自分のスキルアップにつながらない仕事ばかりするのが不安というのが本音だった。また、同じ時期に大学時代の友だちが転職に成功したのに触発されたのも大きかった。幸いにも竜也のスキルは評価され、若干ではあるが収入もアップした。

ところが、竜也の仕事は前の会社とたいして変わらず、上司から嫌われたため閑職に追いやられた。同じ時期に転職した友だちは出世していたため、自分が負け組に転落したことを痛感し、出社拒否寸前にまで精神的に追い詰められていた。

50代の転職はうまくいかないものと思ったほうがラク

自分の人生を考えたとき、「本当にこのままでいいのか？」と考え込んでしまうことは、だれにでもあるでしょう。数年先がまったく見えなかったり、職場に満足していなかったりするのならなおさらです。竜也さんのように明確なビジョンが描けない人が、将来の不安から転職することはめずらしくはありません。

それに拍車をかけるように、政府は２０１９年の成長戦略実行計画のなかに人口減や高齢化を見据え、70歳までの就業機会確保など、多様な就労形態を許容する雇用改革を盛り込みました。そのため定年してからも10年先、人によっては15年先まで働き方を見据える必要が出てきました。

定年後に満足のいく再就職先を見つけるためにも、40代後半より上の人でも、チャンスがあれば転職を考える人も結構いるかと思います。出世レースから脱落した人は、転職に活路を見出すこともありますし、逆に出世したからこそ、会社の嫌な面が見えてしまって転職したくなる気持ちもわかります。それでも私は、中高年は転職しないほうがいいと思っています。転職してうまくいく人はほとんどいないからです。

40代後半での転職はスキルと経験が重視されるのはいうまでもありません。勢いに任せた転職や、スキルや経験もないのに転職できたとしても、確実に給与待遇は下がるでしょう。この点において竜也さんはわずかながら年収がアップしているので優秀です。上司からの評価が低く閑職に追いやられたのは嫉妬からでしょう。このように優秀な人でもなにが起こるかわからないところがあるのが転職です。

ただ、年収が下がったから転職に失敗ということではありません。実際、年収が下がっても、やりたい仕事を求める人は少なくありません。それなのに年収が上がる転職だけを追い求めて失敗してしまう人は結構います。30代、40代の転職とも違いますし、年収が上がるぶん責任も上がるので、ストレスに押しつぶされてしまいそうになる人も多いのです。50過ぎからの転職ならなおさらです。

転職すれば、いまの悩みは解決するといった極端な考えになっている人もいますが、どんな会社にもなんらかの問題はあるもので、転職先がいまの悩みを解決してくれるわけではありません。かなり高い確率で、すぐまた転職したくなるでしょう。

私の知人は51歳で年収1200万円ですが、会社の人間関係が悪いためうつ状態になってしまい、「年収が10分の1になってもいいから、会社を辞めて気楽なアルバイト暮らしがしたい」と言っています。これは極端な例ですが、会社の人間関係も働く意欲を大きく左右するのは間違いありません。

専門家を中心に人材紹介を行うMS－Japanが、2019年に「50代の〝ホンネの転職理由〟」という調査結果を発表しましたが、1位は「人間関係」でした。この結果に納得する人は多いのではないでしょうか。

ただ、人間関係の問題については、転職先でもかなりの確率で起こる可能性があります。どんな会社でも、必ず合わない人が存在するといってもいいのではないでしょうか。ならば転職はうまくいかないと思って生きるほうがラクです。

定年後の再就職先が大事だと気づけたことが幸運

竜也さんの場合、転職に失敗し、閑職に追いやられたためうつ状態になっていますが、定年まで10年もあります。考え方を変えれば、いまの悔しさをバネにして、定年後の再就職探しに向けて準備する時間が十分にあります。これは不幸中の幸いといってもいいでしょう。転職に失敗したことで悩んでいても仕方がありません。

まず負け意識は捨て、うつ状態から脱出すべきです。「うつは心の風邪」と言われますが、私は現代社会において、うつは風邪どころではなく、がんや糖尿病に匹敵すると思っています。

２０１７年に厚生労働省が発表した「患者調査」によると、うつ病・躁うつ病の総患者数は40代が26・９万人で一番多く、続いて50代で23・９万人、60代で21・３万人となっています。つまり、中高年のうつは多いのです。

また、うつになると認知症にもなりやすいことがわかっています。うつを防ぐには、休日はなるべく明るいところに出たり、よく身体を動かしたりすることが大切です。

すでに説明したとおり、私はうつに薬は効かないと思っています。まず竜也さんは人と比較して自分を否定することの恐ろしさに気づくべきです。そして、自己肯定感を取り戻して高めてください。これが苦しみから抜け出す一番の近道です。この方法については、すでに説明したとおりですが、自己肯定感を取り戻すことができれば、人の言葉に傷つくことはなくなり、振り回されなくなります。

定年後の再就職先に向けての準備ですが、現在の自分のスキルを冷静に見つめ直し、どのような能力や経験が不足しているのかを見極め、補う努力をすればいいでしょう。ただ、これから求められるスキルはなにかという視点で考えなければなりません。

また、会社以外でのつながりを考えるのも大切です。趣味や地域のボランティアの集まりでもかまいません。興味がある集まりに参加してみるといいでしょう。

私の知人に地域のボランティアに参加し、仕事では得られないような感謝をされることへのよろこびを知り、視野が広がった人がいます。定年まで10年もあるわけですから仕事だけでなく、焦らずいろいろとチャレンジするのを楽しむようにすればいいでしょう。

50代から「定年後の自分」を育てるヒント

・50歳を過ぎてから、いまの悩みを解決したり、年収を上げるためだけの転職はしないほうがいい。転職ですべてが解決するというのは大間違い。

・会社の人間関係も働く意欲を大きく左右する。なんらかの問題があったとしても、いまの会社の人間関係がいいのであれば、天職だと思うべき。

・50歳を過ぎたら、定年後の再就職の準備期間と考えたほうが現実的。社内より社外につながりを求め視野を広げるとともに、これから求められるスキルはなにかを見極め、自分の経験が定年後の再就職でどのように活かせるかを考えておく。

あきらめ

先が見えて達観した感を抱き意欲がないままでいる人

自動車会社に勤務する高雄（52歳）は子どもの頃から努力家で、激務にも愚痴をこぼすことなく働いてきた。ところが50歳のとき、すい臓を悪くして入院した。ちょうどそのとき、出世頭の同期がうつで休職。優秀でも健康を害してしまえばおしまいだと思った高雄の緊張感は切れ、虚しさとともに、このままでは命を落としかねないと思った。人間関係にも嫌気がさしていた。そのため、これからは出世をあきらめ、心身ともに健康に気をつけ、プライベートを充実させようと固く心に誓った。不思議なことに高雄は、清々しさすら感じていた。

それからは心穏やかに過ごせているが、仕事だけでなく、家族とともに過ごす時間にも興味がなくなってしまった。高雄のいまの目標は、とにかく定年まで自分を誤魔化しながら勤め上げ、定年後は孤高の日々を目指すことだった。

意欲がなければ定年後の人生も充実しない

ゆとり世代（1987〜2004年生まれ）とバブル世代（1965〜69年生まれ）の問題として取り上げられることで多いのが、意欲がないことです。もちろんすべての人がそうではありませんが、30代くらいから会社に尽くして働くことに疑問をもち、40代で出世という点では先が見えてしまう人は少なくありません。

そして、50代になれば消化試合をこなすように、定年まで会社にしがみつく人はめずらしくはありません。そのため近年では、バブル世代からさらに下の45歳以上の社員を対象にリストラを進める会社も増えましたが、バブル期に入社したベテラン社員の意識改革に取り組む会社も増えています。この年代の社員が新たなチャレンジをしなくなれば、会社にとってお荷物になるだけなのは目に見えています。

高雄さんの場合は、入院が意欲をなくす引き金となりましたが、それまではストイックでタフだったといえるでしょう。ただ、病気にならなくても、出世頭の同期がうつで休職しなくても、近い将来、意欲をなくしていた可能性は高かったでしょう。ストイックでタフな人ほど自分の限界を知らず、がんばってしまう傾向があるからです。

病気になったことで出世をあきらめ、心穏やかに過ごせているのなら、ある意味、高雄さんにとってはいいとも考えられるのですが、家族に興味がなくなったのは大きな問題です。このままでは定年後に充実した日々が訪れることはないでしょう。

再就職先を見つけることにシフトする

まず高雄さんが取り戻さなければならないのは、プライベートに対する意欲です。うつ状態になっていると十分に考えられますので、自分の好きなこと、心から楽しめることを続けることで改善できます。すでに説明したとおり、好きなことをやっていると、脳内に幸せホルモンのセロトニンが分泌されるからです。

気軽に始められる趣味を再開してみるのもいいでしょう。そして気が向いたら、思い切って昔やってみたかったことに挑戦してみるのもおもしろいかもしれません。

あるバブル世代の知人は、なにごとにも意欲を失い、このままではいけないと思って、学生時代にやってみたいと思ったストリートダンスに挑戦しました。かなり勇気がいったみたいですが、中高年の初心者クラスがあるダンススクールが見つかったのも背中を押してくれたといいます。半ば自棄気味に始めたダンスでしたが、会社の忘年会の出し物として少し踊ってみたところ盛り上がったため、健康のためにも一生続けると言っていました。

高雄さんは出世をあきらめていますが、意欲がない人は、生きがいのためにも定年後も働いたほうがいいでしょう。定年後の再就職先を見つけるためのスキルを会社で磨いていくのを目標にするのもいいでしょうし、出世を考えないのなら失敗を恐れず、いろいろとチャレンジすればいいでしょう。そのうち仕事が楽しくなってくると思います。

２０１８年の日本の全就業者６６６４万人のうち60～64歳が７・９％、65～69歳が６・６％、70歳以上が６・３％を占めています。つまり、シニア労働者が就業者の５人に１人なのです。この割合はますます増えていくでしょう。高雄さんが定年する８年後には、日本の会社の多くがシニア社員の戦力化を考えるようになっていてもおかしくはありません。

50代から「定年後の自分」を育てるヒント

・ストイックでタフな人ほどがんばりすぎる傾向があるので、自分の限界を知っておく。
・意欲を失っている人は定年後に充実した日々が送れない。お金や出世ではなく、生きがいのために再就職を検討する。

攻撃欲

怒りの感情が抑えられず、他人を攻撃せずにはいられない人

大手食品会社で営業部長を務める則之（55歳）は、何ヵ月も営業目標を達成できなかった。そのため部下を怒鳴り散らしていたが、ついに手を上げてしまい、子会社の制作部に部長付として片道切符の左遷となった。まったくの畑違いの仕事だったため、本当は臆病な則之は、左遷当初は謙虚で愛想よくしていた。ただ、心のなかでは左遷されたことへの怒りが渦巻いていた。

子会社で則之が戦力となる仕事はなかった。そのため、則之はいちいち口を出すことで威厳を保つようになった。そのうち不安から怒鳴り散らすようになり、必要のない会議を頻繁に行って自分の存在を誇示したため、周りの反感を買うようになった。そして、出向してから1年ほど経った頃、則之が駅員に暴言を吐いて突き倒したことが発覚。降格処分となった。

怒りを抑えられない人は認知症予備軍

怒りを司っているのは側頭葉の内側にある扁桃体で、恐怖を感じる部分です。イヤなことがあるとそこが刺激され、怒りや恐怖を覚えるのです。事故や手術などで扁桃体が傷つくと、怒りや恐怖を一切感じなくなってしまう人もいます。

動物実験では、扁桃体に電気を流された動物は急に怒りだします。発作的に殺人を犯した人の脳を調べると、怒っているときに扁桃体が猛烈に活動しています。ここが活動しすぎると、怒りを鎮める前頭葉の働きが抑えられてしまう。これが頻繁にあると、将来認知症になる可能性が高くなります。

年を取ると怒りっぽくなるのも、前頭葉のなかの前頭前野が萎縮するため、怒りを制御する力が弱まるからだと考えられています。言い換えるのならば、「待つ」ことができなくなってしまうのです。

このため温和だった人でも、年を取ってから人が変わったように怒りっぽくなることがあるのはそのためです。駅係員や乗務員等の鉄道係員に対する暴力行為で、もっとも多い年代が60代以上であるのも、このことと関係しているといってもいいでしょう。また、ストレスがたまると暴飲暴食に走ってしまうのも、「待つ」ことができないからです。

高齢者の場合は、怒る頻度が多いほど脳の神経細胞が死ぬことが実験でもわかっています。怒りっぽい高齢者ほど神経細胞を失うペースが加速し、認知症になりやすいという実験結果もあります。

ですから、認知症の人はすごく怒りっぽい人が多い。これは今までできていたことができなくなってしまったり、いろいろなことが理解できなくなったりして不安や恐怖を覚えるため、ささいなことにも敏感に反応してしまうのも原因となっているでしょう。

介護しようとすると暴れることもめずらしくはないため、からだを拘束される人が非常に多いのです。点滴を抜いてしまったりするから、拘束せざるを得ないわけですが、拘束すると新たな怒りを呼んで悪循環になるので、認知症の人の介護は大変です。これらのことから、怒りっぽいのは「百害あって一利なし」と肝に銘じておいたほうがいいのです。

則之さんの場合、左遷されたショックだけでなく、子会社では戦力になれないと思ったわけですから、不安や恐怖が大きかったでしょう。そのため怒鳴り散らすことで、自分の地位や利権を守ろうとしたのです。このような人はめずらしくはありません。「私の周りにもいる！」と思った人も多いでしょう。

近年、キレる中高年が問題視されているのは、この年代がリストラの対象になったり、定年後の不安が大きくなったりしていることも大きく関係していると思います。中高年にとって、かつてなかったことが会社で起ころうとしているので、仕方がないところもあるかと思います。

ただ残念ながら、則之さんのような怒鳴り散らすことで他人を攻撃する人は、なかなか変わることができません。周りはうまくかわすしかないため、ますます孤立してしまうでしょう。則之さんの場合、駅員に暴言を吐き、突き倒したことが発覚して降格させられましたが、解雇されなかっただけマシです。

50代で高めたい怒りを制御する能力

則之さんの場合、このままでは周りから嫌われる一方で、暴力行為によって解雇される危険性もあります。また、定年後に認知症になる可能性も高くなってしまいます。認知症になれば、家族に迷惑をかけることにもなり、夫婦仲がよくなければ、離婚の危機も訪れるでしょう。きつい言い方になりますが、このままではお荷物社員でしかなく、だれからも嫌われてしまいます。

このように怒りの感情を放っておくと、悪い方向に進んでしまうだけなのです。

ただ、則之さんに変わりたいという意志があるのなら、方法がないわけではありません。その方法とは、座禅や瞑想、有酸素運動をすることです。これらのことを行うことで、前頭前野の働きを強くし、怒りをコントロールする能力を高めることができるのです。

有酸素運動は、運動することによって脳由来神経栄養因子（ＢＤＮＦ）と呼ばれるたんぱく質が活発に働くことが研究でわかっています。このＢＤＮＦは神経細胞の成長を促し、新しいニューロンやシナプスに分化するのをサポートする働きがあります。つまり、脳細胞が活性化されるのです。

たとえば、会社の最寄り駅のひと駅前で下車し、歩くのもいいでしょう。これなら通勤の途中で実行することができます。

座禅は長くゆっくりと呼吸をすることで、自律神経の副交感神経が活性化します。数息観を行うといいでしょう。心のなかで「ひと～」と唱えながらゆっくりと息を吐き、「つ～」と唱えながら息を吸います。このようにして10まで数えたら、また「ひと～つ～」に戻るのです。慣れてくると長くゆっくりと呼吸ができるようになります。座禅を組むことが難しいのなら、イスに座って行ってもかまいません。また、アロマオイルを楽しみながら行うのもいいでしょう。気軽にできて長続きする方法でやればいいのです。

少し早起きできるのであれば、太陽に向かって目を閉じ、息を吸うときに額から光がからだに入ってきて、全身が満たされるとイメージしながら瞑想するのも有効です。朝起きてすぐに行うと効果が大きく、非常によい気分転換にもなります。

ストレスから脳を守ってくれる効果もありますので、まずはできる範囲で試してみてください。

50代から「定年後の自分」を育てるヒント

- **とくに男性は前頭前野が衰えることで、加齢とともに怒りっぽくなる傾向がある。温和な人でも決して他人事ではない。**
- **怒りで他人を攻撃せずにはいられなくなっている自分を自覚しているのなら改善すべき。人間関係が悪化するにとどまらず、将来、認知症になる可能性が高くなってしまう。**
- **座禅や瞑想、有酸素運動をすることで前頭前野の働きを強くし、怒りをコントロールする能力が高められる。**

［第４章］

家族は迷惑！その言動が定年後に直結する

——ストレスとの上手な向き合い方

無関心

「家庭に関心のなかった夫」には「定年夫を嫌がる妻」が待っている

大手外資系製薬会社の企画部長を務める勝彦（50歳）は、平日は深夜帰宅が多く、土日も出勤か趣味のゴルフで家にいることは滅多になかった。仕事にやりがいを感じタフだったので、家でからだを休めるくらいなら、仕事かゴルフをしているほうがいいと考えていた。勝彦の父親も仕事が多忙であまり家にいることはなかったので、父親とはそういうものだと思っていた。定年後に夫婦で同じ生きがいを見つければいいだろうと考えていた。

勝彦の妻は息子が中学に上がるまでは夫に不満を漏らしていたが、いまではなにも言わなくなり、会話もほとんどなかった。友だちと頻繁に遊びにいったり、勝手に大金を使ったりすることもあったが、息子が難関高校に合格したので勝彦は満足し、妻のことを問題視することはなかった。

「亭主元気で留守が良い」は、今は昔

勝彦さんのような父親は昔からいました。ただ、いまでは「イクメン」という言葉が生まれるくらいですから、夫が育児に参加するのは当たり前の時代です。昔は「男は仕事、女は家庭」という観念がいまよりも強かったので、妻が容認してくれていたところがあったと思います。そのため、昔の夫のほうがラクなところがあったかもしれません。

それでも「平成30年度雇用均等基本調査」（厚生労働省）によると、男性の育児休業取得率は6・16％という低さです。２０１６年に内閣府が調査した6歳未満の子供を持つ夫の家事・育児関連時間は1日当たり83分で、先進国中最低の水準となっています。

これらのことから現在の日本の夫も世界的に見れば、いかに育児に参加していないかがわかります。

勝彦さんの場合、育児にはまったく参加していないといってもいいでしょう。自分の父親もそうだったからといっても、これでは奥さんから、家族に関心のない夫と判断されても仕方がありません。いまでは奥さんがなにも言わなくなり、会話もほとんどないので、かなり危機的な状況です。

ただ危機感はなく、自分が養っているという傲慢さからか、まるで妻を家政婦みたいに扱っている夫も少なくはありません。

リクルートブライダル総研の「夫婦関係調査2019」（20〜60代の男女）によると、夫婦関係に満足していない人の希望として「もっと夫婦で会話をする時間を増やしたい」が42・0％を占め、断トツでした。

ただ、勝彦さんの奥さんの場合、友だちと頻繁に遊びにいったり、勝手に大金を使ったりすることから、もう夫には収入以外になにも期待していないのかもしれません。それでも息子が難関高校に合格しているから問題視しない勝彦さんは、おかしいと言わざるを得ません。ただ、このような夫は意外といます。息子の成長は学力だけで測れないのは、いうまでもありません。仲のいい夫婦からすれば、勝彦さんはもはや夫ではないと思われてしまうでしょう。

1986年に流行語の1つにも選ばれた、大日本除虫菊（KINCHO）の「亭主元気で留守が良い」というCMがありましたが、勝彦さんの奥さんもそんな感じなのかもしれません。いまでは夫も家事を手伝うのが当たり前となっていますので、「亭主元気で家事が良い」といった感じでしょうか。このままでは勝彦さんが定年して再就職しなければ、家にいるだけで奥さんにイヤがられてしまうのは目に見えています。

近年では熟年離婚が増えており、２０１７年の全体の離婚件数は約21万組ですが、同居期間20年以上の夫婦の離婚件数は約３万８０００組です。離婚夫婦の約５組に１組は熟年夫婦となっているのです。40年前と比べると、約10倍になっているといわれています。勝彦さんの場合、このままでは熟年離婚に発展してもおかしくはありません。

ちなみに、熟年離婚の理由として主なものに、「子どもが独立したら離婚するつもりだった」「相手・相手の親の介護をしたくない」「年金制度が変わった（結婚期間中に夫が支払った保険料分の厚生年金を夫婦で分配できるようになった）」などがあります。

定年後、妻と同じ生きがいが見つかると思わないほうがいい

勝彦さんのように定年まで家族に無関心だったのに、定年後は妻と同じ生きがいを見つけようと思う夫は少なくありません。自分が朝から家にいる生活を送るようになると、いきなり妻を束縛するようになる夫も少なくありません。それまでの家庭への関心の有無にかかわらず、このような夫は結構います。妻が外出するのを嫌がり、意味もなく友だちとランチでもしようものなら、怒りだす夫もめずらしくはありません。これでは妻がたまら

ないでしょう。

このような夫の理屈からすれば、定年までずっと自分が外で働いてきて妻をひとりにしていたから、これからは2人で楽しもうと思っているのです。でも、妻のほうはそういう取り方はしません。女性はおいしいものを食べたいときに食べる、人に会いたいときは会うという考えの人が多いからです。ところが夫は、これからはずっと一緒で定年後を妻と楽しもうと思っています。もともと共通の趣味があるのならいいのですが、そうでない場合、自分の興味のあることに妻を付き合わせようとするのでやっかいです。

高齢者の就労支援を行うマイスター60が2019年に50代の夫婦に行ったアンケートによると、「定年退職後も夫には外で働いてほしい」と回答した妻は86・5%もいました。定年後のことを配偶者と話し合っているかについての質問には、「あまり話し合っていない」が39・5%、「話し合ったことはない」が18・6%もいたのです。ちなみに「しっかりと話し合っている」と回答したのは5・0%しかいませんでした。この結果からすれば、夫婦で同じ生きがいなんて見つかるはずがありません。

夫婦といえども、まずは奥さんの世界観や人間関係を尊重し、無遠慮に入り込まないところから始めなければ、定年後に夫婦の時間を楽しむことはできないといっても過言ではないでしょう。

勝彦さんの場合は仕事にやりがいを感じているので、定年後も働くほうがいいでしょう。そのほうが奥さんにとってもいいはずです。

ただ、定年前よりも時間ができると思いますので、まずはその時間を奥さんと過ごすところから始めてみてください。いままで家庭を省みなかったぶん家事を手伝い、奥さんを大切にしてあげるといいでしょう。そうすれば再就職からもリタイアしたとき、夫婦の関係がいくらか改善していると思います。

50代から「定年後の自分」を育てるヒント

・これまで家族に無関心であったり、あまり育児に参加してこなかった人ほど、定年後は妻から「夫」と思われにくい。定年までに妻との関係性を見直し、家事を積極的に手伝う、夫婦の会話を増やすようにするなど、熟年危機を迎えない努力をする。

・定年後、妻と同じ生きがいが見つかると思わないほうがいい。妻の世界観や人間関係を尊重し、無遠慮に入り込まないところから始めるべき。

夫源病

定年後のお昼の準備こそ妻にとって最大のストレス

信用金庫の融資部長を務めていた武志（60歳）は、妻に対して常に上から目線だった。まじめで几帳面ということもあって、「おまえはだらしがない」「育ちが悪い」といったモラハラ発言も多かった。気の弱い妻が反論することはなかったが、それでも定年するまでは武志の帰りが遅かったため、なんとかなっていた。

ところが定年後、武志が朝からずっとリビングにいたので、妻の気持ちは休まらなかった。昼ごはんもきちんとしたものをつくるよう命令し、味だけでなく食材にお金がかかっても怒られたため、これまでひとりで昼食をすませていた妻のストレスは大きかった。武志が定年退職してから妻の体調は悪く、ずっと更年期障害が続いていた。それでも、武志が長時間外出しているときだけは、いくらか体調がよかった。

夫の存在が妻の更年期障害を悪化させている

夫源病とは、夫の何気ない言動に対する不満や、夫の存在そのものが強いストレスとなって溜まり、妻の心身にさまざまな症状を引き起こす病気のことです。医学的な病名ではなく、よく似た症状に主人在宅ストレス症候群があります。大阪樟蔭女子大学の石蔵文信教授が、男性更年期外来で中高年の夫婦の患者を診察するなかで気づき、命名しました。

40～60代に起こりやすい不定愁訴である更年期障害にも似ているため、更年期障害と診断されてきた中年女性の多くが、本当は夫が原因ではないかとの見方もあります。そのため夫源病は夫を持つ女性なら、だれもがかかる可能性があるといえます。

とくに夫が家事をしない、子育てに文句をいう、モラハラ的な発言が多いなどの問題がある妻は注意が必要といわれています。

主な症状として考えられているのは、次のとおりです。

自律神経やホルモンのバランスを崩すことによる、めまい、動悸、頭痛、不眠、本態性高血圧症（原因が特定できない高血圧）、突発性頭痛、突発性難聴、メニエール病（めまい、

耳鳴り、難聴を伴う原因不明の病気）の疑い、うつ病

これらの病気と診断され、通常の治療を続けてもなかなか症状が改善されない場合は、夫源病の疑いがあるとされています。具体的には、次のようなケースが報告されています。

・夫がいないときは症状が出ず、夫の帰宅時間になると、腹痛や頭痛、動悸などが起こる
・夫が家にいる週末は頭痛で、平日は夕方になるとイライラする
・夫の身勝手な発言を聞くと、顔がのぼせたりほてったりする

これらの症状がいくつか当てはまることから、武志さんの奥さんは夫源病の可能性が高いといってもいいでしょう。

定年夫の言動が妻を夫源病に陥らせる

夫源病の症状を知って、もしかしたら自分の妻も夫源病かもしれないと不安になった人は結構いるのではないでしょうか。

夫源病の名づけ親の石蔵教授は『妻の病気の9割は夫がつくる』（マキノ出版）という本を出していますが、私も妻の健康には夫が大きく関係していると思っています。そのため『夫の存在が妻の寿命を縮めている』（きこ書房）という本を出しました。

すでに説明したとおり、老後に夫と暮らす妻の死亡リスクは約2倍になります。もちろん、すべての夫が当てはまるわけではありませんが、定年後に深刻な状態になることもあります。妻を夫源病にしてしまう夫の特徴というのは、たとえば次のとおりです。

・外面がいい　・上から目線　・家事は手伝わないが口は出す
・家族を養ってきた自負が強い　・感謝、謝罪の言葉を滅多に言わない
・妻の予定や行動をよくチェックする　・仕事関係者以外の交友や趣味が少ない

いくつか思い当たる夫も少なくないと思いますが、夫だけの責任ではありません。夫源病になりやすい妻の特徴というのもあります。これは性格が大きく関係しているといっていいでしょう。たとえば、次のとおりです。

・我慢強く、弱音を吐くことが少ない　・几帳面で責任感が強い
・外面や世間体を気にする　・理不尽なことにも反論できない
・ちょっとしたことにも気に病む性格

妻が夫の言動を変え、夫源病を克服するには、夫婦げんかを恐れずに自分の要求を上手に伝えることが大切です。夫に対するイライラを我慢してため込んでいると、夫源病が悪化してしまいます。定年後は夫と過ごす時間が増える妻がほとんどなので問題は深刻です。夫も妻を夫源病にしないためには、これまで以上に妻の話には耳を傾けるなどの努力が必要です。

武志さんの場合、昼食も低予算できちんとしたものをつくるよう奥さんに命令していますが、これではつくるだけでなく献立を考えるだけでも大変です。そうでなくとも、定年後に夫と昼食をとるのが苦痛という妻はめずらしくはないくらいです。

もしかしたら、武志さんは奥さんとの時間を楽しみたかったのかもしれません。これからは一緒に昼食をとることができるのをよろこんでいたのかもしれません。しかし、奥さんからすれば、武志さんが定年するまで昼食は簡単にすませていたかもしれません。それ

でも几帳面な性格の武志さんが夫ですから、家事は大変だったでしょう。常に上から目線、モラハラ的発言をする武志さんが朝からずっとリビングにいたのでは、奥さんの気持ちが休まることはないでしょう。

この問題は、武志さんが奥さんを夫源病にしたことに気づき、改めるのがもっとも重要です。武志さんほどでなくとも、妻を夫源病にしてしまう夫は少なくないということを覚えておきましょう。

50代から「定年後の自分」を育てるヒント

- **夫の定年を機に夫源病にかかる妻は多い。「夫の存在が妻の寿命を縮めている」ことをよく理解し、50代のうちから妻を夫源病にさせない配慮が大事。**
- **定年後は、夫婦で一緒に過ごす時間が増える。これまで以上に妻の話に耳を傾けることが夫源病を遠ざけ、夫婦円満の第一歩につながる。**
- **妻との時間を大切にすることも大事だが、妻の行動を監視するような言動はとらない。妻の時間を邪魔しないことも大切。**

妻源病

トイレの蓋閉め、食器の定位置……妻の小言がストレスになる

一朗（63歳）よりひと回り年下の妻は、夫のことを〝汚い老人〟扱いしていた。役職定年した58歳からこのような扱いが始まり、なにかにつけて文句を言い、定年してからは一緒にいる時間が増えたため、この傾向はひどくなった。トイレの蓋を閉めなかったり、家事の手伝いをしても食器を定位置に戻さなかったりしただけでもうるさく言われた。さらに妻は一朗の加齢臭を嫌って、一緒に食事をとらなくなった。そのため、妻が近くにいるだけで一朗はストレスを感じるようになり、心休まるのは朝の散歩だけになってしまった。

最近、一朗はめまいや頭痛、不眠に悩まされるようになり、通常の治療をしてもなかなか改善しなかった。消えてしまいたいと思うこともあった。そのため医者から心療内科を受診するよう勧められた。

妻の何気ないひと言でストレスを抱え家庭で休まらない夫

前節の夫源病と同じような症状に夫のほうが悩まされるのが妻源病で、こちらも年々増えています。奥さんはひと回りも年下とはいうものの、一朗さんを老人扱いするのはやめるべきです。妻源病になる夫で、何気ないひと言が応える人は多いからです。

ただ、朝の散歩以外に心が休まる時間がないという一朗さんにも問題があります。安らぐ外出の時間を増やさなければ、奥さんもストレスがたまってしまいます。

ほとんどの夫婦が定年を機に1日の大半を一緒にいるようになると、いままで気づかなかったいろんなことが目についてしまうのは不思議ではありません。これでは夫婦の力関係によって、どちらかが夫源病か妻源病になってもおかしくはないでしょう。

奥さんは一朗さんの加齢臭を嫌がっていますが、私の周りにも夫の加齢臭を嫌がる妻は結構います。臭いと言えないから、遠ざけるために夫を批判する妻は少なくありません。

ただ、この問題は加齢臭に効くボディソープやシャンプーを使ったり、毎日、枕カバーを洗濯するなどすれば、改善が期待できます。夫婦なのですから嫌がるのではなく、まずはどうしたらいいだろうかと考える思いやりがほしいところです。

夫のいびきや歯ぎしりがひどい場合は、妻が寝不足などによって健康を害するかもしれませんので寝室を別にするのもいいのですが、これらの問題も睡眠外来で改善すればいいでしょう。ただ、一緒にいて妻源病がひどくなるのであれば、定年前のように妻といる時間を減らしたほうがいいでしょう。時間の長短で夫婦の愛情が決まるわけではありません。夫婦でともにする時間の質を上げるようにすればいいのです。少なくとも相手のイヤなところを目にする機会は減らせます。

夫も妻に感謝や謝罪のときは「ありがとう」「ごめん」と言葉に出すべきです。妻の手料理がおいしいときは、「おいしい」と言葉で伝えるようにするのです。これらの言葉がないことが夫源病のひとつの理由になっていますので、夫婦のコミュニケーションとして重要であることを覚えておいてください。

長い定年後に「妻源病」「夫源病」ではもったいない

一朗さんのように妻源病で体調を崩している人は、地域のボランティアやシルバー人材センターに登録するのもいいでしょう。これならお互いにひとりの時間を増やしたり、心地よい距離感を保ったりするきっかけにつながります。また、ストレスを発散する手段をいくつかもつ必要もあります。

妻源病は月日とともにじわじわと悪化していきます。薬を飲んだとしても、状況がよくなることはありません。一朗さんの場合、平均寿命で考えても、あと20年くらい残されているのです。年を取るほど病気のリスクは増しますので、この点だけを考えても、夫婦仲がよくなければ、不安がつきまとうことになるでしょう。

私は妻を亡くしていますので、妻源病や夫源病で悩むのはもったいないと思ってしまいます。夫婦でいる限り、お互いに楽しい時間を過ごしたほうがいいのはいうまでもありません。長年ともに暮らしてきたわけですから、お別れの日が来るまでの時間を大切にしてほしいと願わずにはいられません。

50代から「定年後の自分」を育てるヒント

- **妻の何気ないひと言が応えるのなら、改善してもらうよう落ち着いて話し合うべき。**
- **夫婦の愛情は過ごした時間の長さより質。妻源病を避けるためにも、夫婦といえどもひとりでいる時間を大切にし、ほどよい距離感を保つようにする。**

ネガティブ

ダメ出しばかりの会社生活の癖で、家族がどんどん離れていく現実

アパレル会社の店舗運営部で部長を務める安比古（54歳）は、自分がリストラ候補にされないよう部下にダメ出しすることで蹴落とし、保身に徹していた。頻繁に会議を行っては重箱の隅をつつくような批判をし、ちょっとしたミスでも大げさに取り上げて始末書を書かせた。そのため威圧的でネガティブな安比古の指導に、体調を崩す部下が続出。このことが経営陣に問題視され、安比古は早期退職に追い込まれた。

しばらく落ち込んでいた安比古だが、今度は家族にダメ出しするようになった。妻の家事だけでなく、行動も細かくチェックしては文句をつけ、息子が大学進学で文系に進みたがっているのに理系に行くよう強要し、家族との心の距離が開いていくばかりだった。いつまでも再就職先が決まらない安比古に愛想を尽かした妻は、真剣に離婚を考えている。

「エネルギー・バンパイア」は自分をも不幸にする

最近、「空前の人手不足」と言われている一方で、45歳以上がリストラ候補にされています。とくに50歳を過ぎた社員は新しい価値を生まない、働きに対して給料が高過ぎるとして、ネット記事や雑誌などで叩かれています。このような社会の状況からも、安比古さんは部下に過剰なまでにダメ出しをすることで保身に回ってしまったのでしょう。先が見えない不安から、自分を守るのに必死だったのかもしれません。

ただ、ネガティブ思考からは、なにも生まれません。体調を崩す部下が続出しても、どうして安比古さんはリストラされるまで気づけなかったのかと人間性を疑ってしまいます。

安比古さんのような人は、他人のエネルギーを奪い取ってしまうタイプかもしれません。私はこのような人のことを「エネルギー・バンパイア」と呼んでいます。他人をコントロールすることで、ある種の勝利感を抱く傾向がありますので注意が必要です。安比古さんの場合、経営陣が問題にし、早期退職に追い込まれたほどなので、相当悪質だったのかもしれません。エネルギー・バンパイアの特徴をいくつか挙げておきます。

・好戦的　・威圧的　・おせっかい　・押しつけがましい
・非常にプライドが高い　・自己否定感が強い
・一見やさしくて思いやりがあるが、どこか強制的な感じがする

このような特徴の人と会ったあとでとても疲れたり、イヤな気分になったりするなら、その人はエネルギー・バンパイアである可能性が高いといえます。

私もエネルギー・バンパイアに苦しめられた経験があります。うつ状態の時期にこのような人に会って、寝込んでしまいました。よくいえばクールな人だったのですが、私には氷のように冷たい人に感じられました。一緒にいるとからだがダルくなってくるのです。動悸がして心臓が苦しくなって冷や汗まで出てきて、からだが極度に緊張してしまうようになりました。さらにこの人から電話やメールがきても体調を崩してしまうほど、ひどい状態になってしまいました。

気が合わない人といってもいいのでしょうが、ここまで合わない人はめずらしいでしょう。なにを言っても理解されない、わかり合えない、会ったあとでとても疲れる、振り回されてしまうといった人がいるなら、その人はエネルギー・バンパイアかもしれません。

私がエネルギー・バンパイアについて相談を受けた人には、近所の人や会社の先輩、なかには通勤途中でたまに見かけるだけの人なのに、気分が悪くなってしまう人もいました。

相手の強い言葉や押しつけに反発や不快な思いをしたり、相手の愚痴やマイナスの言葉がもつ「気」に引きずられてしまったりするのは、相手の強すぎる感情に反応してしまうからです。できるだけ近づかないようにしてください。ただ、会社の人間にエネルギー・バンパイアがいるのなら、近づかないわけにはいかないときもあるでしょう。対策としては、相手が話しているあいだ、深呼吸をして自分の気持ちを強く保つようにし、相手の感情が自分のなかに入ってこないようにしましょう。

期待を手放すことでダメ出しは減らせる

安比古さんの家族へのダメ出しは、働いていたときの癖でしょう。それがリストラという憂き目に遭って、ひどくなっていると考えられます。

しかし、安比古さんは新しい仕事を探すことに専念すべきです。もう54歳なので厳しいでしょうが、くさくさした気持ちでは、うまくいくはずがありません。このままでは奥さんに離婚されるのは時間の問題です。息子との関係もよくないので、離婚後は孤独な生活を送ることになる可能性が高いでしょう。そのことに早く気づくべきです。

安比古さんの場合、ダメ出しが癖になっていますので、家族への期待を手放すといいでしょう。家族への愛情を捨てろというわけではありません。家族といえども、どんなに安比古さんがダメ出しでコントロールしようとしても、思いどおりにはならないことを肝に銘じておくべきです。

安比古さんが家族を自分の思いどおりにしようとしないとわかれば、家族は安比古さんと一緒にいることがいくらか心地よくなって、その時間を楽しむようになるかもしれません。その時間が家族への感情を好意に変えてくれるかもしれません。つまり、安比古さんが期待を手放すことで、家族を自由に導くことにつながるのです。

安比古さんの場合、まずはダメ出しをやめるところから始めてみるといいでしょう。はじめはなかなかうまくいかないでしょうが、ダメ出ししたくなったら3回に1回はやめてみてください。そこから徐々にダメ出しを減らしていくのです。離婚がイヤなら、かなりの我慢が必要だとしても、できるのではないでしょうか。ひいては仕事探しでもいい効果につながるかと思います。

威圧的でネガティブな思考からは、なにも生まれないと肝に銘じておくといいでしょう。

そうすれば再び働きだしても、エネルギー・バンパイアになって周りの社員を苦しめることはなくなると思います。近年では、パワハラの問題が大きくなっていることもありますが、敏感な気質（HSP）の人も増えています。そのため、HSPの人への配慮も必要な時代になったといえるでしょう。家庭でも、会社でも、愛されるところがない50代はうまくいかないと思っておいて間違いはありません。

50代から「定年後の自分」を育てるヒント

・威圧的でネガティブな思考からは、なにも生まれない。「ダメ出し」ばかりしていると、結局、自分にマイナスとなって返ってくる。

・物事を否定から入る夫では、家族の心がどんどん離れていく。ダメ出しが癖になっている人は、家族への期待を手放すといい。物事を否定したくなったら3回に1回はやめてみて、そこから徐々に減らしていくよう心がける。

・現代人は敏感な気質（HSP）な人が多く、他人の言葉や態度に威圧感を受けて、避けようとし、結局、人間関係が崩壊しやすい。人は敏感であることを理解すべきである。

引きこもり

朝起きてから夜寝るまで家に引きこもるしかない現実

食品メーカーを定年まで勤め上げた哲夫（62歳）は、出世には興味がなかった。リストラ候補にされて閑職へと追いやられたが、かえって責任が軽くなったとよろこんだくらいだ。退職金が1000万円入り、800万円の貯金があった哲夫は独身ということもあって再就職せず、年金がもらえるまで細々と暮らしていくことにした。

インドア派の哲夫は、部屋でオンラインゲームやネットサーフィンをしているだけでも至福だった。親しい友だちはおらず、外出といえば近所のスーパーに食べ物を買いに行くのと、たまに秋葉原の電気街に行くくらいだった。健康のことが少し気になったが、面倒なので食事に気をつけたり、運動したりする気はなかった。今年、84歳になる母（父は死亡）が実家におり、哲夫はひとりっ子だったが、実家に帰るつもりも、引き取るつもりもなかった。

増殖する「定年引きこもり」

２０１９年に内閣府が満40歳～満64歳を対象にした引きこもり調査によると、中高年の引きこもりは61万３０００人。今回の調査では「自室からほとんど出ない」「自室からは出るが家から出ない」「近所のコンビニなどには出かける」「趣味の用事の時だけ外出」の４つの問いを設定。いずれかに該当し、かつ6ヵ月以上その状態が続いているケースを広義の意味での引きこもりと定義しました。男女比は４分の３が男性で、理由は「人間関係がうまくいかなかった」「病気」などに加えてもっとも多かったのが「退職」でした。この問題は団塊ジュニア世代が定年したら、ますます深刻になるでしょう。

中高年の引きこもりは、敏感な気質（ＨＳＰ）が関係していることがあります。敏感に反応するのに疲れ、周りの人との関係を絶ってしまう人はめずらしくありません。

哲夫さんは引きこもりに当てはまりますが、至福の日々を過ごせているのは素晴らしいことです。ただ、ＨＳＰなのかもしれません。健康も気になります。ちゃんとした食事をとらず、運動不足なので、年を取るほど病気になるリスクが高くなるでしょう。

哲夫さんのお母さんが84歳と高齢なのも気になります。近い将来、介護が必要になる可能性が高いからです。「平成30年版高齢社会白書」（内閣府）によると、要介護者等と同居している主な介護者の年齢は男性で70・1％、女性で69・9％が60歳以上となっています。つまり、老老介護のケースもかなり存在していることがわかります。

哲夫さんはひとりっ子なのでお母さんの介護が始まれば、いまの生活を続けるわけにはいかないでしょう。また、独身の哲夫さん自身が大病すれば、世話をしてくれる人がいないわけですから、リスクに備えて、いろいろと考えておいたほうがいいでしょう。

チャレンジから新しい世界が開けることもある

哲夫さんは定年後の生活に満足していますが、週に何日か数時間のアルバイトでかまいませんので働いたほうがいいでしょう。年金受給まであと3年ありますし、老後の資金が1800万円では大病したときや、親の介護が必要になったときに不安です。からだを動かすことにもなりますから、少しは運動不足の解消にもなりますし、アルバイト先での人間関係ができれば、いくらか認知症の予防にもなります。料理するのがイヤなら、せめてスーパーで総菜を買うときに栄養のバランスを考えて選ぶようにしてください。

本当にやってみたかったことにチャレンジするのもおすすめです。お金がかかりすぎることでなければ、なんでもかまいません。哲夫さんの場合、家族もいませんし、アルバイトを始めたとしても、定年前よりは時間の余裕があるわけですから、思う存分チャレンジできます。そうすることで思いもよらなかった世界が開けることもあります。

私の知り合いに定年後は若い頃の夢である小説家を目指した人がいます。はじめはすべての時間を執筆に充てるつもりでしたが、人間観察のために妻との時間を大切にし、地域のコミュニティにも入りました。すると執筆よりもこちらのほうがおもしろくなり、いまでは小説家になる夢はあきらめましたが、充実した生活を送っています。

50代から「定年後の自分」を育てるヒント

- **中高年の引きこもりのもっとも多い理由は「退職」による環境変化。決して他人事と思うべきではない。**
- **中高年の引きこもりは、敏感な気質（ＨＳＰ）が影響を与えていると考えられる。人は誰でも愛されたいし、優しくされたいし、認められたいものだ。それが感じられない場合は、自ら関係を断ってしまい、自分の殻に閉じこもりがちになることを理解する。**

悪態

子どもの声やごみ出し……クレームで存在感を誇示する人

中堅広告代理店の企画営業部で部長を務めた晴彦（62歳）は、昔からものごとを批判的にしか見ることができないひねくれ者だった。小さなことでもネチネチと批判するため、会社で嫌われるだけでなく、家族からも嫌がられていた。

定年後は再就職先が見つからず、1日の大半をリビングのソファーで過ごしていた。ただ、近所に幼稚園があるため、少しでもうるさいと幼稚園や区役所にクレームの電話を入れ、時には幼稚園まで怒鳴り込んだ。自宅があるマンションのごみ出しの日はごみ庫に入って、きちんと分別しているかごみ袋を開けてチェックをした。分別できていないごみ袋は、住所が確認できれば玄関先まで持っていった。見かねた妻が注意すると、「マンションのモラルをよくするためだ」と言ってやめることはなかった。

承認欲求が満たされない定年者ほど悪態をつきやすい

晴彦さんの悪態は、いろんな理由があると思います。園児の声がうるさいだけでしたら、窓を閉めればいいだけのことです。それなのに窓を開け、聞こえるようにしているわけです。そんなことをしていると、自分が孤独であるのを実感することもあるでしょう。子どもにはまだ将来があるので、嫉妬することもあるかもしれません。

このようなことを書くと考えすぎと思う人もいるでしょうが、実際にはめずらしくはありません。ものごとを批判的にしか見ることができない晴彦さんならなおさらです。

定年退職者のクレーマーに管理職だった人が多いといわれていますが、部下に批判的なダメ出しをしていたのが癖になっている人が多いのでしょう。これは部下だから許されていただけですが、住んでいる地域でやられたら、家族がたまったものではありません。

また、定年になって肩書がなくなり、孤独になったことが引き金となっているのでしょう。働いていなければ、だれからも必要とされていないと感じる人は少なくありません。そのため住んでいる地域で存在感を示そうとしてしまうのです。それなのに少しでも注意されるとカッとなってしまい、自分が間違っていても謝らない人もいます。

この話をある編集者にすると、いかにも高そうな身なりをした70代の高齢者が本屋のレジの列を無視して割り込もうとしたので注意したら、悪態をつかれたといっていました。なんとこの高齢者、店を出ていくときに列の人たちに向かって「アウシュビッツ！　アウシュビッツ！」と怒鳴ったというのです。これではいくら仕事ができて、お金持ちの人でも、人間としての品格が疑われても仕方がありません。

小さな感謝の積み重ねが円満の秘訣

晴彦さんのように批判ばかりしていると、嫌われるのは当たり前です。些細なことでも批判するのは絶対にやめたほうがいい。地域で存在感を示したいのであれば、地域のボランティアに参加して汗を流せばいいのです。マンションのごみ出しが気になるのなら、マンションの管理人か清掃の仕事を探せばいいのです。これなら感謝されます。

はじめは「こんなことできるか！」と見下していた定年者でも、ボランティアに参加してみると、経験したことのない清々しい気持ちになる人もいます。マンションの管理人として働いて住人たちとのコミュニケーションにやりがいを覚える人もいます。

悪態ばかりついていると、そのうち家族からも見放されてしまいます。このことがわかっていてもプライドが高くて、なかなか実行に移せない人は少なくありません。ならば、まず自宅のトイレを掃除してみてはいかがでしょうか。これなら時間もかかりませんし、奥さんから感謝され、悪態が減っていくと思います。

トイレ掃除なんてと思うかもしれませんが、企業のブランディング支援などを行うESSPRIDEの「社長のパワーアップ・ゲン担ぎ」に関する調査によると、会社、自宅を問わず自分でトイレ掃除をする社長が7割もいました。風水でトイレは健康運や金運に関わるところで、掃除することで邪気が祓われ、運気が上がるとされているからでしょう。松下幸之助も掃除の励行を重視し、自ら掃除の手本を示したエピソードが残っています。

50代から「定年後の自分」を育てるヒント

・会社でダメ出しばかりしてきた者ほど、定年後は地域や家庭でクレームを出しやすい。存在感を示したいのであれば、地域活動など、人から感謝されることをするほうがいい。

・地域活動やボランティアをする自分の姿が想像できない人は、自宅のトイレ掃除を習慣にしてみるといい。自分を見つめ直すきっかけにもなるし、妻からも感謝される。

兄弟確執

老親の面倒や遺産相続……仲のよかった兄弟が争う現実

デザイン会社を経営する独身の文也（56歳）には仲のいい弟がいた。ところが最近、弟が兄を避けるようになった。夫を亡くし、ひとり暮らしをしていた母が認知症になってから、弟の妻が仕事を辞めて介護していたのが引き金となった。母の世話だけでなく、弟が母の治療費をすべて払っていたことが弟の妻は気に入らなかったのだ。これは文也の会社の経営が苦しかったため仕方がないと弟は思っていた。だが、妻は事あるごとに離婚話を持ち出しては弟を責めた。精神的に追い詰められた弟は、次第に文也を憎むようになった。

さらに兄弟に亀裂が生じたのは、母が亡くなり、遺産相続の話し合いをしたときだった。弟が遺産（1000万円）をすべて相続したいと言いだしたのだ。弟の家族に苦労をかけていたとはいえ、これには文也が激怒。裁判で争うまでになった。

遺産の金額が少ないほど相続でもめるもの

あんなに仲がよかった兄弟なのに、どうして?という確執が生じる場合、たいていは老親の面倒や遺産の問題が絡んでいます。「うちはたいした遺産がないから大丈夫」という人は多いのですが、そういう人のほうがどこか対岸の火事的なところがあり、危ないといってもいいかもしれません。

２０１６年の司法統計の「家庭裁判所に持ち込まれた遺産分割事件のうち認容・調停成立件数」を見てみると、遺産額が１０００万円以下の事件件数割合は33％となっています。一方、１億円以上では20％です。このことから遺産額が少ないほうが、相続人の間でもめる確率が高くなることがわかります。

文也さんの弟のように、すべての遺産を相続したいというのは極端ですが、弟の奥さんは会社を辞めてお母さんの介護をしています。奥さんが仕事にやりがいを感じていたり、稼ぎがよかったりしていたとしたら、遺産をすべて相続しても割に合わないくらいです。

文也さんも会社の経営が苦しいので、喉から手が出るほど遺産をあてにしていたのでしょう。しかし、弟の奥さんに本当に感謝していたのでしょうか。文也さんが独身なので、弟の奥さんが仕方なくお母さんの面倒をみていたところもあったと思います。それなのに治療費のすべてを弟に払わせていたのでもめるのは当然です。

お母さんの認知症のことがなかったら、兄弟の関係に亀裂が生じることはなかったでしょう。ただその場合でも、親の介護が必要になったときのことは、兄弟できちんと話し合っておくべきです。

たとえば、「平成29年版高齢社会白書」によると、２０１２年は認知症患者数が約４６０万人で、高齢者人口（65歳以上）の15％という割合だったのが、２０２５年には５人に１人、20％が認知症になるという推計もあるのです。つまり、年々増えていくと考えられているのです。認知症だけでも、これだけのリスクがある。親の介護問題は決して対岸の火事ではありません。40代から親の介護をしている人もめずらしくはないのです。

文也さん兄弟とは逆に、兄弟の仲が悪いのに遺産を放棄するケースを耳にすることがあります。たとえば、妹とは仲が悪いけど、母子家庭になって金銭的に苦労していて姪がかわいそうなので遺産を放棄したといったケースです。放棄する側にいくらか金銭的に余裕があったり、遺産が少なかったりするのも大きな理由でしょうが、一種の兄弟愛といっていいでしょう。

いずれにせよ文也さんと弟さんのどちらが勝訴しようともお互いに疲れ果て、関係が修復するのは難しいと思います。

最近では、無職の兄弟の面倒をだれがみるのかという「兄弟リスク」も問題になっており、ますます増えていくといわれています。兄弟リスクはなくても定年前後あたりから、遺産相続や老親の面倒は、多くの人が経験することになります。兄弟だからこそ、仲が悪くなってしまうこともあるでしょう。これもある意味、兄弟リスクです。

兄弟の仲を保つには、自分が損するくらいがいい

仲のいい兄弟ほど、老親の面倒や遺産相続でもめることが少なくないのは、仲がいいからこそ問題になりそうなことでももめないだろうと楽観しているからかもしれません。たいした考えもないのに、兄弟で力を合わせればなんとか乗り切れると思ってしまうのでしょう。ところが、少なくともどちらかが家族を持っていれば、兄弟だけの問題ではなくなります。とくに老親の面倒は負担が大きいことが多い。

総務省の「就業構造基本調査」によると、家族の介護や看護のために仕事を辞める「介護離職」が年9万9100人（2017年9月までの過去1年間）もいます。

安倍政権は2020年代初頭までに「介護離職ゼロ」を掲げて施設整備などを進めていますが、前回の2012年の調査では介護離職者が10万1100人でしたから、ほとんど減っておらず、深刻な状況が続いています。

介護離職者とは、2017年9月までの過去1年間に介護・看護を理由に離職した人で、育児・介護休業法による介護休暇をとった人は含まれていません。男女別では女性が7万5100人で8割近くを占め、男性は2万4000人でした。

夫婦の場合、稼ぎ頭が夫の割合が大きいのもあるでしょうが、介護といえば妻がやるのが当たり前と考えている夫も少なくないと思います。ただ、これでは妻の不満が爆発するのは時間の問題です。実際、熟年離婚の理由の1つに「夫の親の介護がしたくないから」と挙げる妻は少なくありません。

兄弟の仲が悪くならないようにするには、自分のほうが損するくらいの気持ちをもっておくほうがいいでしょう。ちょっとしたことでもかまわないのです。

たとえば、兄弟で会って食事をするときは自分が払うのです。それでも何回かに1回は相手も払ってくれるでしょうから、頻繁に会うのでなければたいした金額ではありません。自宅を訪れるのなら、少し上等な手土産を持っていくのもいいでしょう。なにかしてもらったら、感謝の言葉も忘れないでください。ただし、兄弟になにかしてもらえると期待しないことです。

このように心がけるだけで、兄弟のことを考える気持ちが自然と身についてきます。少なくとも、老親の面倒や遺産相続が発生しても、自分の意見を通そうと我が強くなったり、裏切られたと思ったりすることはなくなるでしょう。ひいては兄弟で確執が生じる可能性が少なくなると思います。

50代から「定年後の自分」を育てるヒント

- **2025年には5人に1人が認知症の時代。老親の介護対策は子ども世代の最大の問題と考え、自分が定年を迎える前に早めに対策を立てておく。**
- **若いころどれだけ兄弟の仲がよくても、老親の面倒や遺産の相続でもめることはめずらしくない。問題が起こる前に兄弟でよく話し合っておく。**
- **「自分が損をするほうがいい」ぐらいに考えておけば、兄弟の関係は維持しやすい。「何かをしてもらおう」といった身内への下手な期待は、裏切られた感につながるだけ。**

子の将来

無職・引きこもりの子の存在で定年後の家庭がぎくしゃくする

大手繊維会社で営業本部長を務めていた卓司（61歳）は再就職せず、1日の大半を自宅で過ごしているが落ち着かなかった。中学2年生の頃から引きこもっている息子（30歳）が1日じゅう部屋にいるからだ。引きこもるまで息子は成績がよく親の期待にも応えていたが、突然学校に行かなくなった。励ますつもりで、卓司はいかに期待しているかを伝えたが、息子の感情を逆撫でするだけだった。素直でかわいかった息子のことを考えるとなんとかしてやりたいと思ったが、なにを言ってもムダだった。そのうち息子のことはなにも考えたくなくなり、平日、休日問わず仕事に没頭するようになった。

妻は昔から息子のことを行政に相談したいと考えていたが、卓司のプライドが許さなかった。ただ、これからの息子のことを考えると、心配でならなかった。

素直でかわいかった子どもも、思春期からは別人

子どもが幼稚園や小学生の頃は、すごくかわいいものです。それが思春期になると反抗するようになります。当たり前のことですが、意外とこのことを冷静に受け止めることができていない親は少なくありません。

卓司さんの場合、大企業で出世するくらいですから優秀で努力ができたと思いますが、息子さんへの期待が大きすぎたのでしょう。これでは息子さんはたまったものではありません。引きこもりは、卓司さんの過度な期待が引き金となった可能性が高いと思われます。

2018年に内閣府が調査した引きこもりに関する結果によると、自宅に半年以上引きこもっている40～64歳は全国で推計61万3000人、15～39歳の推計は54万1000人。合わせると115万4000人もの引きこもりがいることになります。7割以上が男性で、引きこもりの期間は7年以上が半数を占めています。この調査で引きこもりの高齢化、長期化も明らかになりました。

私にも息子がいますから、卓司さんの気持ちはわかります。しかし、反抗期が始まると、昔の素直でかわいかった息子は、もう存在しないと思うようにしていました。そうするこ

とで肩の力が抜け、過度な期待を息子にしなくてすみました。

あの素直でかわいかった息子がいつまでも存在すると思うから、イライラしてしまうのです。アルバムなどを見返したりすると、余計に昔のことを思い出してしまいます。しかし、息子はこちらがかわいがっていたことなんて覚えていないのです。

ただ、親に対して悪意があるわけではなく、自分のほうが大切なだけなのです。勉強や部活、塾で忙しいため、親のことなんて考える余裕がないといってもいいかもしれません。こうなると過度な期待をする父親なんてうるさいだけです。なにも言わなければ感謝されるのにうるさく言ってしまうから、ますますダメになってしまうのです。余計なことを言うとうるさいと思われてしまうだけです。子どもによっては追い詰められ、引きこもりになってもおかしくはありません。

年を取ると「老人ホームに入ればいいよ」と子どもに言われて怒る人もいますが、これも悪気があるわけではありません。働いている世代で、親の面倒をみる余裕がない人は少なくないからです。それなのに大事に育ててやったのに冷たいとなってしまうのです。

引きこもりの自立をサポートすることが親の使命

卓司さんの場合、下手なプライドは捨て、すぐに息子さんのことを行政に相談すべきです。「８０５０問題」が深刻化していることを考えると、このまま放っておいても息子さんが自立するのは難しいでしょう。これはだれよりも卓司さんが痛感していることと思います。これまで息子さんの問題から目を逸らしてきたわけですから、卓司さんの使命と思って、奥さんを安心させるためにも取り組むべきです。

まずは奥さんと行政の引きこもり相談に行き、専門家の指示を仰ぐのが先決です。同じ問題を抱える家族の集まりに参加するのもいいでしょう。さらに書籍やネットなどで情報を集め、勉強してみてください。卓司さんの不安を解消することにもつながります。なにも悪いことばかりではありません。奥さんと協力することで夫婦の絆が強くなるはずです。

50代から「定年後の自分」を育てるヒント

- **子どもに過度な期待はしない。子どもを追い詰め、親子の関係が悪くなるだけ。**
- **引きこもりの問題に親の人生論は通用しない。親である自分が定年を迎え、長い老後を過ごす現実を考え、専門家に遠慮なく相談する。**

［第5章］

人生に定年はなし！長い後半戦を視野に入れる

——意欲・自己肯定感の高め方

男性更年期

忙しくて病になる「現役」、むなしくて病になる「定年後」

大手OA機器メーカーで部長を務めた大介（60歳）は、40代で花形部署の部長に抜擢された。だが、激務や嫉妬による妨害から過労で倒れて入院。その後、男性更年期障害になってからは仕事への意欲がなくなり、左遷部署へ異動となった。仕事の責任は軽くなったものの忙しい日々は続き、慢性的な疲労に悩まされながらも、なんとか働いていた。50歳になったとき、人事部から早期退職をすすめられたが、転職先を探しても見つからなかったため、会社からパワハラもどきのことを受けながらも定年まで居座り続けた。

定年後は独身ということもあってお金に少しは余裕があったため、再就職することなく過ごしていた。ところが数ヵ月すると、自分のサラリーマン人生はなんだったのかと虚しくなり、暴飲暴食が進んだ挙句、糖尿病と高血圧症になってしまった。

ストレスをそのままにすると脳が暴走する

若い頃は出世が生きがいという人はたくさんいます。ところが40歳を過ぎたあたりから、大介さんのように出世しても激務や人間関係の悩みから心身の病気になり、仕事に意欲をなくしてしまう人はめずらしくはありません。

大介さんの場合、過労で倒れ、男性更年期障害にもなっているのでなおさらです。この病気の症状は、うつ傾向になる、体がだるい、筋力が低下する、性行為ができないなどですから、忙しく働き、パワハラも受けていた大介さんには、かなりきつかったはずです。

更年期障害といえば、女性特有の病気と思っている人も多いでしょうが、近年では男性でも発症する人が増えています。全国に６００万人の患者がいることを考えると、決して他人事とはいえないでしょう。主な原因は、加齢に伴う男性ホルモンの減少ですが、ストレスが引き金になることもめずらしくはないため、なにかと叩かれることが多い50代のサラリーマンで発症する人は、今後も増えていくでしょう。ストレスは仕方がないと思っている人は多いのですが、軽視していると大変なことになります。

ストレスを感じると、まず感情を司る扁桃体という脳の部分が刺激されて、非常に怒りやすくなったり、不安になったりします。また、側坐核などの活性が抑制されますので、よろこびを感じなくなります。

さらに思考や創造性を担う脳の最高中枢である前頭前野の細胞の相互連絡に支障をきたすようになります。前頭前野は、衝動の制御、計画、決断、実行などに関係しているところです。ここが健全ならば衝動的な欲求は抑えられ、企画と決断に基づく行動ができるのですが、そうでない場合、「待つ」ということができなくなります。

ストレスがたまると過食したり、飲酒をコントロールできなくなったりするのはこのためです。その結果、肥満になったり、アルコール依存症になったりする危険性が高まります。また、ストレスが続くと、記憶を司る海馬や前頭前野が死滅する恐れもあります。これではがんばって仕事をしていても、思うような結果が出せなくなってしまいます。

これらのことから、ストレス対処法を身につけるのが、定年まで健全に働き続けるカギのひとつになるといってもいいでしょう。大介さんが虚しさから暴飲暴食し、糖尿病と高血圧症になったのも、まさに脳の暴走といえます。

この話をある編集者にすると、「激務によるストレスから、酒量が増えた友だちが何人もいます。だから、家ではあまりお酒を飲まないようにしています」と言っていました。

皆、健康のために酒量を減らそうとしても、なかなかうまくいかないみたいで、糖尿病や高血圧症、胃痛に苦しめられているというのです。

では、どうすればいいのでしょうか？

だれにでも簡単にできる方法として、「幸福になれる」「困ったことは起こらない」など、自分が好きなプラスの言葉を口に出して言ってみてください。このようなことを書くと根拠がないと思う人は多いでしょうが、私は、言葉は波動を持っていると考えています。そのため言葉の波動が心の波動と共振するとき、心は大きな影響を受けるのです。言葉の波動によって、健康にもなりますし、病気にもなります。これは気のせいなんかではありません。量子力学を基礎とする量子人体という考え方でもいわれていることなのです。

もう少し詳しく説明すると、量子力学では、電子にも「心」があると考えます。私たちのからだは主に電子からできていますので、それが全体として心をつくっているという考え方です。電子の波動が周りに伝われば人間関係、からだに伝われば健康に影響すると考えるのです。これらのことから、自分の心の波動に合う言葉を口ずさむのは、心にとっても、脳にとっても、非常に重要なことなのです。簡単に実行できることですので、ぜひ試してみてください。

疲れたときにぼんやりすると免疫機能がアップする

大介さんは自分のサラリーマン人生に虚しさを感じ、生きがいをなくした状態ですが、そもそも定年後に無理して生きがいを求めなくてもいいのです。誤解を恐れずに書くと、定年後に生きがいなんてないと思っています。再就職して仕事に生きがいを感じる人はいますが、そうでないのなら、生きがいはなくなるものです。それが年を取るということと思っています。不安になって無理に生きがいを見つけようとすると、しんどくなってしまう人は少なくありませんが、その必要はないのです。テレビや映画を見たり、日々のちょっとしたことを楽しんだりしているのであれば、それも悪くはないのです。

大介さんの場合、これまでの疲れがたまっていますので、意識的にぼんやりする時間をつくるといいでしょう。ぼんやりすることで自分がもともともっている感情を取り戻すことができますし、免疫機能までアップさせることができます。散歩の途中でぼんやりと空を見上げるだけでもかまいません。

私の場合、「ぼんやりすると気分がラクになる」と自分に言い聞かせ、食後のコーヒーを飲んでいるときは、仕事も将来も人間関係のことも忘れて、自宅からの外の景色をぼんやり眺めることがあります。

ぼんやりの効果は、心や脳だけでなく、からだにもあります。

私の知人は、緊張からくる顎関節症や肩こり、頭痛に悩んでいましたが、筋肉を緩めて口を半開きにし、ぼんやりしているうちにすべて治ってしまいました。疲れを感じたら、ぼんやりしてみるということを覚えておいてください。

50代から「定年後の自分」を育てるヒント

・更年期障害は全国に600万人いることからもわかるように、男性といえども他人事ではない。50過ぎでたとえ出世していても、人間関係や激務でストレスを感じ、仕事に意欲をなくしている場合は、まずは定年まで働くためのストレス対処法を身につける。

・ストレスを遠ざけるには、自分が好きなプラスの言葉を口に出して言ってみる。言葉の波動が心の波動と共振することで、心だけでなく脳にもいい影響を与える。

・疲れたときは意識的にぼんやりすれば、自分を取り戻すことができ、免疫機能もアップしやすい。「ぼんやり+筋肉の弛緩」で、肩こりや頭痛が緩和することもある。

横のつながり

定年男性に苦痛な近所でのコミュニケーション

クレジット会社の債権管理部で部長を務める五朗（57歳）は、宴会部長とも呼ばれるほど部内の飲み会ではなくてはならない人だった。仕事でも士気を高めるのがうまいので、部下がついてきてくれるのだと自信を持っていた。そのため定年を迎えても、地域での活動に問題なく入っていけると思っていた。少々せっかちなところがあるため家族には煙たがられることもあったが、定年後は時間にゆとりのある生活が送れるので、家族との関係もよくなると信じて疑わなかった。

ただ、五朗は近所の人との交流がなく、休日は好きな歴史の本を読んで過ごすことが多かった。妻が地域の歴史愛好家の集まりに参加するよう何度かすすめたが構えてしまい、「もう少し勉強してから」と言って、なかなか参加しようとはしなかった。

部下とのコミュニケーションがいいのは部下のおかげ

五朗さんが部下とのコミュニケーションや士気を高めるのがうまいのは、素晴らしいことです。部下もついてくるので、理想の上司と部下の関係といってもいいのかもしれません。

企業の人事部門、人事ソリューション市場の現状調査と展望を予測するHR総研が2017年に行った社内コミュニケーションに関する調査では、約8割の企業がコミュニケーションに課題を感じています。「社員間のコミュニケーション不足は業務の障害になるか?」との質問に対し、96%が「障害になる」と回答していることから、五朗さんはコミュニケーションの点で、部長としての役割を十分に果たしているといってもいいでしょう。

ただ、部下は出世がしたいので、上司のことがわかりたいと思っているものです。五朗さんが接しやすいというのも大きいのでしょうが、部下が忖度してコミュニケーションを取ってくれているところもあると思います。

家族には少々煙たがれているというのは、家族は部下ほど忖度してくれないからです。地域の人たちにしてもそうです。ですから会社とはまた別の語彙力、コミュニケーション力が必要となってきます。どんなに会社での人間関係がよかった人でも過信は禁物です。会社のようにはいかないと思っておいたほうがいいでしょう。

少々意地の悪い見方と思う人もいるでしょうが、このことをわかっていたほうが定年後に家族や地域の人たちとの関係がうまくいくといってもいいでしょう。といっても、そんなに難しく考える必要はありません。

人はひとりでは生きられませんが、ちょっとしたことなら、他人でもたいていのことは助けてくれるものです。私の親戚で眼の病気で視野が狭くて物が見えにくい人がいるのですが、店でお金を払うとき、財布から多めにお金を出して「目が悪くてよく見えないから、ここから代金を取ってください」と言えば、断られることはないようです。

他人に助けを求めるときは礼儀正しくし、助けてもらったら感謝することは絶対に必要ですが、この気持ちさえ忘れなければ、他人でも助けてくれることは多いのです。

五朗さんの場合、地域の人たちの交流で構える必要はありません。第一段階として、強引なところは改め、周りの人たちを部下のように扱ったり、指示を出したりすることがなければ、定年後の家族との関係もよくなるでしょうし、地域の人たちも受け入れてくれるでしょう。

何事も完璧な状態を求めすぎない

日本人の長所として、「勤勉」「まじめ」を挙げる人は多いでしょう。ただ、勤勉なゆえになにごとも完全に準備が整ってからでないと始めようとせず、必要以上に完璧さを求めるまじめさは、悪いところだと思います。これでは新しいことを始めるハードが高くなってしまいます。

たとえば、ある程度英会話ができる人でも、外国人と話をするには「文法をきちんとマスターしてから」「もっと発音がよくなってから」と言う人は少なくありません。プライベート用のTwitterですら、40代以上では登録しても、「有効なつぶやきができないからつぶやかない」という人はめずらしくはありません。気軽に楽しめばいいと思うのですが、自意識やプライドが高すぎるのか、完璧さを求める人が多いのです。

五朗さんは奥さんから地域の歴史愛好家の集まりに参加するようすすめられても、「もう少し勉強してから」と言って参加しませんが、そんなことは気にせず新たな世界に飛び込んで楽しむほうが大切です。

50代以上では、流行に乗ろうとしない人が結構いるように感じます。それが便利なものであっても、です。これは人に教えてもらうのが苦手な人が多いからかもしれません。私は85歳ですが、わからないことを若い人に教えてもらうのに、まったく抵抗はありません。進んで聞くようにしています。

たとえば、私はスマホ決済アプリPayPayを使っているのですが、不具合が生じたため、編集者とこの本の打ち合わせをしているときに、いろいろと聞いてみました。若い人に聞くのは恥と思う人もいますが、私には楽しいコミュニケーションとなっています。すぐに問題が解決することが多いため、非常に助かっています。

会社では、積極的に仕事をするよりも上からの指示に従ったほうが、波風が立たないこともあります。「出る杭は打たれる」と痛感している人も結構いるでしょう。ただ、定年後に再就職しないのであれば、上からの指示がなくなります。これはラクなことでもありますが、会社中心の生活を送ってきた人にとっては大きなギャップとなり、定年後の居場所を探すのに苦労する人は少なくありません。7割の定年者は地域の活動に参加していないともいわれているくらいです。

地域の人たちとの交流は、自ら積極的に動かないとなにも始まりません。こうなると定年後の生活に意味を見出すことが難しくなってしまいます。まずは奥さんからすすめられた地域の歴史愛好家の集まりに参加してみるといいでしょう。定年まで3年もありますので、地域での居場所を気軽に探しつつ、会社とのギャップに慣れながら定年に備えてみてください。

50代から「定年後の自分」を育てるヒント

- 定年後、家族や地域の人たちはかつての部下のように忖度してくれない。部下を部下として扱ったり、指示を出したりできるのは定年までのことと自覚しておく。
- 何事も完全な準備、必要以上の完璧さにこだわると、結局、なにもできなくなる。定年後に向け、思い切って新たな世界に飛び込んで楽しむほうが大事と思うべき。
- わからないことを自分より年下の人に聞くことは恥ではない。誰に聞こうかと悩んだりするぐらいなら、問題が早く解決することのほうを優先し、部外者や年少者と積極的にコミュニケーションを図るようにする。
- 会社を離れたコミュニケーションをとりづらいのが定年後。定年後は忖度されなくなる自分を想像し、相手と共感しあえる横のコミュニケーションを図れるようにする。

認める力

仕事で褒める習慣がない人ほど定年後はだれからも褒められない

大手食品会社の営業部長をしている芳彦（56歳）は、部下を叱責するばかりで決して褒めることはなかった。トップ営業マンにさえも例外ではなく、まるで褒めないことで威厳を保っているような感じだった。下請け会社がちょっとしたミスを犯しても担当者を呼びつけて怒鳴る始末だった。

そんな芳彦が役職定年を迎えた途端、部下の態度が急変した。必要最低限の言葉しか交わしてくれず、叱責すると逆に新部長から苦言を呈された。さらに家庭では、妻から離婚届を突きつけられた。芳彦が妻に厳しく当たるだけで感謝の言葉はなく、なにごとも批判ばかりしているのに我慢の限界がきたのが理由だった。なんとか離婚は考え直してもらえたが、これからどう改善していけばいいのか、芳彦にはわからなかった。

人を褒めない人は、好かれることはない

芳彦さんは、人を褒めることで自分が下になったような気持ちになるのかもしれません。心に余裕がないため、部下を叱責してばかりで褒めることができなかったのかもしれません。いうまでもなくこれはパワハラで、部下が耐えていたのも芳彦さんが上司だったからです。役職定年になってからの部下の態度は、当然すぎる結果といっていいでしょう。

人を褒めない人のなかには、監視したがる人も少なくありません。仕事はもちろん、プライベートについてもいろいろと聞いてくるのですが、ダメ出しもするのです。部下のフェイスブックまで監視し、内容だけでなくプロフィールの写真にもケチをつけてくる上司もいるようです。

また、人を褒めない人は、ほかの人が褒められると否定的な意見を言う人も少なくありません。そこまでいかなくとも仏頂面になってしまう人も結構います。自分が認められたいという欲求が強いのかもしれませんが、これでは人から好かれません。

ただ、部下のなかにはお世辞で褒めてくれる人もいるでしょう。上司の機嫌が悪くなるくらいなら、お世辞を言っておいたほうがいいと思う人も結構います。ただ、これは上司

だったからの話で、役職定年したときのように、定年後はだれからも相手にされることはないでしょう。長年の習慣は環境が変わってもそう簡単には変わらないため深刻です。

少し考えてみればわかることですが、褒められてイヤな人はほとんどいません。ならば人のいいところを見つけて、褒めるよう心がけるほうが、人間関係がうまくいくのは当たり前のことですが、なかなかできない人は少なくありません。

感謝のひと言を伝えるだけでも、夫婦の関係はよくなる

ただ、人を褒めない人が、人を褒めるのは至難の業です。

では、どうしたらいいのでしょうか？

他人がなにかしてくれたら、感謝の気持ちを言葉で伝えるようにしてください。ひと言でもかまいません。芳彦さんは離婚の危機を迎えたばかりなので、まずは奥さんに伝えるよう心がけるといいでしょう。

たとえば、奥さんの料理がおいしかったら「おいしい」だけでもいいですし、でかけるときに荷物の用意をしてくれたら「ありがとう」だけでもいいのです。

それでも人を褒めない人からすれば、ハードルが低くはないかもしれません。なかには、

意味がないと思う人もいるかもしれません。

明治安田生命が2019年に行った「いい夫婦の日」(11月22日)に関するアンケート調査によると、日頃から、夫にもっと言葉で表現して欲しいと思っている妻は多く、もっとも言われたいひと言は「ありがとう」で、ほかに「よくやってくれて助かる」「がんばってるね」「料理が美味しい」というひと言が多いという結果になっています。

言葉で伝えられるようになったら、感謝の気持ちを行動に移すといいでしょう。

たとえば、たまに料理をつくってみるのもいいですし、洗濯をするのでもかまいません。できるところから少しずつやってみればいいのです。習慣づけることができれば、そのうち家族や周りの人たちから褒めてもらえるようになるでしょう。

50代から「定年後の自分」を育てるヒント

- **会社でも家庭でも厳しく当たるだけではダメ。適宜、褒めるように心がけるだけで、人間関係はみるみるよくなる。**
- **褒めるのが苦手な人は、「ありがとう」「助かる」のひと言を会話に添えるだけでいい。**

意欲低下

それは認知症ではない！定年後に老人性うつと向き合う

町の不動産会社に勤める久米男（65歳）は、胃がんで手術をしたのを機に退職することにした。定年がある会社ではなかったが、近所に親しい友だちが数名おり、夫婦仲もよかったので、定年後の時間を存分に楽しみたいと思うようになった。ところが定年後すぐに、妻が急逝する事態に見舞われた。

それからの久米男は友だちの誘いにほとんど応じなくなり、1日の大半を部屋で過ごすようになった。部屋は荒れ、食事は近所のスーパーで買ったカップ麺やパンばかりだった。いつも精気がなく同じ服ばかり着ていたので、認知症を疑った友だちが離れて暮らすひとり娘に連絡をし、病院に連れていった。久米男はうつと診断された。気さくで人付き合いがよかった久米男がうつになるとは、だれも思ってもみなかった。

認知症と間違えやすい深刻な「老人性うつ」

定年後、外出したいと思わない、食べたいものがとくにない、掃除や洗濯をする気が起こらない、趣味に興味を示さなくなった――このような人は、決してめずらしくはありません。これは老人性うつの症状で、社交的な人でも、老人性うつになる人は結構います。

昨年までバリバリ働いていた社長さんが引退後、気分がすぐれないので病院で診てもらったところ老人性うつと診断され、家族だけでなく本人も驚いたというケースもあるくらいです。

久米男さんのうつは、奥さんの急逝が引き金になったのは明らかでしょうが、定年後はやることがなかったり、仕事の責任から解放されたりすることで喪失感からうつになる人もいます。周りも、年だし仕方がないのかなと思って、なかなかうつだと気づかれない人も少なくありません。

久米男さんのように奥さんを亡くしてうつになる人のことを見聞きすると、41年間連れ添った愛妻への鎮魂記を書いてベストセラーとなった『妻と私』（文藝春秋）の著者である江藤淳さんのことを思い出します。江藤さんは家事がほとんどできないこともあって久米男さんのようになり、奥さんの一周忌を迎えることなく自ら命を絶ちました。

がんや糖尿病など深刻な病気は、すぐに治療する人がほとんどですが、うつも放っておくとこれらの病気に匹敵するくらい怖い病気なのです。

久米男さんのように認知症を疑われて病院に行ったところ、うつが判明することもよくあります。うつと認知症は症状が似ているところもあるため、なかには認知症と診断されてしまう人もいます。これでは、いつまで経ってもうつがよくなることはありません。

うつも認知症も物忘れの症状が出ますから仕方がないところもあるのですが、見分ける方法はあります。認知症は睡眠時間が長くなる傾向がありますが、うつは夜中や明け方に目が覚める中途覚醒が多いからです。

他人との交流がうつ防止につながる

2025年には5人に1人がなるといわれている認知症。老人性うつは全国で140万〜150万人と推定され、多くの患者が適切な治療を十分に受けていないともいわれています。65歳以上の高齢者の人口は3588万人で前年と比べて32万人増加し、過去最多です。これからさらに高齢化が進み、人生100年時代に入りましたので、認知症も老人性うつも増加の一途をたどるでしょう。

すでに説明したとおり、私はうつを薬で治すのに反対です。病院で処方された薬を飲むにしても、人と会ったり、散歩できるようになったりしたら、飲むのをやめたほうがいいでしょう。心の病気は心で治すしかないからです。

幸い久米男さんの場合、近所に親しい友だちがいます。娘さんとも連携して様子を見ることができます。うつが治ったら、無理のない範囲で勤めていた会社でアルバイトをさせてもらうのもいいでしょう。そのほうが喪失感から脱出でき、生活に張りが出て認知症やうつ防止につながるかもしれないからです。気さくで人付き合いがよかった久米男さんなので、薬に頼るよりもいいでしょう。

50代から「定年後の自分」を育てるヒント

- **定年直後は喪失感に襲われやすい。認知症と間違えやすい老人性うつを理解しておく。**
- **最近、うつ病の薬が効かなくなったとされる。うつは心のあり方の病であり、自分の考え方や感じ方を変えるしかない。定年後もできる限り張りのある生活を送るようにする。**

根拠なき自信

自信過剰で仕事をこなすもだんだん通用しなくなる

大手建築管理施工会社の建築企画部で課長を務める達郎（56歳）は、部下にバブル期の武勇伝を語り、仕事の仕方にダメ出しすることが多かった。そのため部下から嫌われていた。ただ、達郎は自信過剰だったが、意欲が高くそれなりに仕事をこなしていたため、面と向かって歯向かう部下はいなかった。

ところが50代を対象にリストラが行われることになり、達郎も対象にされた。その頃から部下の態度が変わった。達郎がバブル期の武勇伝を語ると、「だれでも仕事で結果が出せる時代でうらやましいですね」と冷ややかに言われ、部下が勝手に仕事の効率化に取り組みだした。達郎は激怒したが、ＩＴを駆使した仕事の仕方で結果を出していく部下になにも言えなくなり、会社に居場所がなくなってしまった。

自信過剰なバブル世代に注がれる冷ややかな目

連日のように「50代はお荷物社員」といった記事がネットや雑誌で出回っていますので、会社で肩身の狭い思いをしている50代は少なくないでしょう。達郎さんの場合、リストラの対象にされていますし、バブル期の武勇伝を語り、部下の仕事の仕方にダメ出ししていたためなおさらでしょう。実際、部下が達郎さんを無視してＩＴを駆使した仕事の仕方で結果を出していますので、このままではリストラされてしまう可能性が高いかもしれません。

たとえ相手が間違っていると思っても、もしかしたら自分が間違っているのかもしれないと再考してみるのは大事なことです。達郎さんもバブル期の武勇伝を語っているとき、部下が嫌がっているのは気づいていたのではないでしょうか。

バブル期は30年も前に終わっています。そのため、いまの仕事の仕方と合わないことのほうが多いでしょうから、根拠がないと思われてもおかしくはありません。このような仕事の仕方では、必ず破たんをきたすのは目に見えていたはずです。

ただ、どの世代でも、仕事以外でも、意味がないことや根拠がないことに過剰な自信をもってしまう人はいます。

たとえば、根拠のない健康法に自信をもっていて、この健康法に従わない人に説教をする人はめずらしくはありません。実際に、説教していた人のほうが健康を害してしまうという、笑うに笑えないことが起きています。

根拠がないことを言うのは、嘘をついているのと変わりません。勝手に自分が思っているぶんにはいいのですが、人にすすめることは、その人に害になることをすすめているのと同じです。これは健康のこと以外にも言えることです。害にならないとしても、自分がやりたくないことをすすめられるのはイヤなものです。当たり前のことと思われるかもしれませんが、このことがわかっていない人は結構います。

自分がものすごくうまくいったとしても、時代に合わなかったら意味がありません。それなのに、おまえらとは違うんだという態度の人もいます。これも間違いで、決して褒められることではありません。

定年に向けて自意識やプライドを上手に手放す

50代以上で自意識やプライドが高い人は多いので、自分が間違っていても謝らなかったり、自分のやり方に固執したりする人は少なくありません。これでは孤立してしまいます。

では、どうすればいいのでしょうか？

達郎さんの場合、このままではリストラされる恐れがありますので、自意識やプライドを捨て、部下たちにＩＴを駆使した効率的な仕事の仕方を教えてもらうべきです。

屈辱的でしょうが、部下たちよりも結果を出すくらいの気持ちが必要です。もう一度、バブル期の武勇伝のような仕事をするために楽しんでしまえばいいのです。そうすれば部下たちも徐々に認めてくれるでしょう。もちろんこれまで培った仕事の仕方で、いまでも通用するものもあるでしょうから、そこは磨きをかけていけばいいのです。そうすれば、ひいては再就職先を探すときに立派なスキルが身についていると思います。

50代から「定年後の自分」を育てるヒント

・バブル期の武勇伝を語っても、だれもよろこばないし得することはない。

・ものすごくうまくいったことがあっても、時代に合わなかったら意味がない。自分のやり方に固執して定年前から孤立しないためにも、自意識やプライドを上手に手放す。

自己卑下

自分の薄っぺらさを自覚し、中年以降嫌気がさしている

製薬会社で営業部の係長を務める健太郎（54歳）は、中学生の頃から、いい大学にさえ入れば勝者と思っていた。部活に励む学生をバカにし、週4日も塾に通っていたが、努力ができないタイプだった。とくに趣味はなく、流行りものに興味を示す程度だった。1年の浪人後、なんとか中堅大学に合格したが、入学後はほとんど勉強することはなく、アルバイトに励む日々を送っていた。それでもバブル景気のため大手企業から内定をいくつかもらうことができ、大逆転で人生の勝者になったと確信していた。

入社後、出世レースからはすぐに外れた健太郎だが、年功序列の賃金体制のため、お金に困ることはなかった。ただ、優秀な部下たちを見ていると、いつリストラされてもおかしくないと思い、自分の薄っぺらさに嫌気がさすようになった。

風当たりが強い「働かないオジサン」

50代がお荷物社員として一括りで見られることがあるのは、健太郎さんのような人がめずらしくはないからかもしれません。たとえ一流大学に入学できたとしても、その後に努力しなければ成長はそこで止まります。逆に、三流大学でも努力し、入社してから活躍している人もいます。これからの時代、過去ではなく現在の能力を重視する会社が、ますます増えていくでしょう。

朝日新聞出版のAERAが行った「お荷物社員はどの世代か」という調査によると、全世代が「50代男性」と回答しました。次に多い「50代女性」と比べても2倍も多かったのです。これほど厳しい結果が出ているのに、50代男性の6割は「自分の給料は働きに見合わず少ない」と感じています。さらに「自分がお荷物だと感じたことがある」と回答したのはたったの8%で、ほかの世代と比べて圧倒的に少ないのです。これではほかの世代から嫌われ、甘えた世代と思われても仕方がないのかもしれません。

50代男性をお荷物だと感じる理由（複数回答）としては、「仕事の効率が悪い」「仕事への意欲が低い」「仕事の能力が低い」「雇用や給料が手厚すぎる」が上位を占めています。

恵まれ過ぎたバブル入社組に嫉妬を感じて辛口回答になっている人もいるでしょうが、50代男性は仕事の取り組み方を考え直してみるといいでしょう。根拠のない自信で痛い目に遭うと、自己卑下するようになってしまうからです。今まで自分が信じていたものが崩れてしまうので、苦しむことになります。

たとえば、リストラされて自己卑下するようになっても、あとの祭りです。すんなりと再就職先が見つかればいいのですが、そうでない場合、アルバイトをして食いつないでいくことになるかもしれません。こうなると収入が激減するだけでなく、これまでの人生がすべて否定されたように感じる人もいます。

アルバイトといってもラクなわけではありません。たとえば、コンビニのレジ打ちにしても現金だけでなく、クレジットカードや電子マネー、ポイント支払いなど多くのことを覚えなければなりません。もちろん、このほかにもいろいろと覚えなければならないことはあります。力仕事のアルバイトをするにしても、体力の問題でできない人は少なくないでしょう。こうなると自分に合ったアルバイトを探すのも簡単ではありません。

少々ネガティブなことを書きましたが、リストラされる前に根拠のない自信なんて捨てて、会社で努力しておいたほうがいいのです。そのほうが半分以下の努力ですみ、定年後の再就職先も見つけやすくなる可能性が高くなります。会社にしがみついていれば、そのうち嵐は去ると思っている人もいますが、これではあまりにも情けなさすぎます。

健太郎さんの場合、自分がリストラされてもおかしくないという自覚があるので、これからの努力によっては、生まれ変われるかもしれません。いまの会社に入れて大逆転で人生の勝者になったと大よろこびしたのですから、これからでも会社に恩返しするために一生懸命働いてみればいいのです。

自分を薄っぺらいと感じるのは他人と比べるから

どの世代でも自分が薄っぺらだと思うと、なにか高尚な趣味をもとうと考える人は少なくないでしょう。ただ、興味がないことを趣味にするのは時間とお金のムダです。

たとえば、焼酎が好きなのに、好んで飲まないワインのほうが高尚と思って、ワイン通になるためにいろいろと飲むのはナンセンスです。ならば全国の焼酎を飲み比べ、焼酎に詳しくなるほうが楽しくていいでしょう。

ひと昔前までは「仕事人間」というと、悪い意味で使われることもありました。ブラック企業に勤めている場合は論外ですが、とくに趣味がないのなら、仕事を極めてみるのもいいでしょう。新しい仕事にチャレンジするよう心がけるだけでも、人生が充実してくるかと思います。

趣味はムリしてもつものではありません。どんなに高尚な趣味でもかえってストレスになるようなら本末転倒です。少しでも興味があったらやってみて、趣味になればラッキーくらいに思っておいたほうがいいでしょう。子どもがまだ学生なら、子どもの部活や趣味に興味をもってみるのもいいものです。コミュニケーションのきっかけにもなります。

たとえば、娘が吹奏楽部に入っているのなら、演奏会や大会があるときに聴きにいってみるのです。はじめはそれほど吹奏楽に興味がなくても、娘を応援したいという気持ちが強くなって、吹奏楽に目覚めることはめずらしくはありません。

息子さんの趣味が釣りなら、一緒に行ってみるといいでしょう。釣りにはビギナーズラックがあるといいますから、思わぬ大物が釣れておもしろくなり、趣味になるかもしれません。

自分が薄っぺらいと感じるのは、他人と比較してしまうからです。自分が楽しいと思えることや、熱中できることがあり、人生の充実につながっているのなら、薄っぺらいと感じる必要はないのです。

50代から「定年後の自分」を育てるヒント

・「お荷物世代」「働かないオジサン」……50代が会社で置かれている状況は厳しい。リストラされたくなければ、自分の働き方を辛口に見直し、改めるところは素直に改め、仕事の能力を高めるべき。

・バブル世代特有の「根拠のない自信」は上手に捨て去ろう。固執したままだと、自信が崩れたときに自己卑下するようになり、苦しむことになる。

・楽しいこと、熱中できることが少しでもあるのなら、決して薄っぺらな人生ではない。他人と比べてばかりでは、定年後はおろか定年前も自分らしい人生が生きられなくなる。

・子どもの部活や趣味に興味をもとう。それまで趣味がほとんどなかった人が、結果的に自分の趣味を見つけ夢中になったり、子どもとのコミュニケーションにつながったりすることは多い。

・自分の薄っぺらさを解消するために無理に高尚な趣味をもとうとしない。たとえ高尚なことであったとしても、興味がもてないのであれば、時間とお金のムダ。

健康不安

持病で迷惑をかけないか悩んでばかりいる

心疾患の持病がある郁夫（61歳）は10年前、持病悪化で命の危険を感じ、会社に時短勤務を願い出た。郁夫は仕事ができて人柄もよかったため、人事部や周りも気遣ってくれた。だが収入が減ったぶん、からだの弱い妻がパートに出なければならなくなった。

定年後は若い頃からコツコツと貯めた貯金や、遺産、退職金も入ったため、夫婦が細々と暮らしていくにはなんとかなりそうだったが、郁夫は持病が心配でならなかった。また、介護されるようになったときのことを考えると、夜も眠れないくらい不安になった。これ以上、妻に迷惑をかけたくないというのが郁夫の一番の願いだった。やさしい息子が2人いたが、ともに家庭をもっており、大学も奨学金で行ってもらったため、なにかあっても頼りたくないと思っていた。

50過ぎまで大病を経験しなかった人も過信は禁物

持病を抱えながら働くのは大変です。体調を管理する難しさはもちろんですが、必ずしも会社が配慮してくれるとは限らないからです。会社によっては、真っ先にリストラ候補にされることもあるでしょう。

郁夫さんの場合、会社が理解してくれたので幸運でした。また、奥さんに迷惑をかけてしまったことを気にする郁夫さんの気持ちは、夫として素晴らしい。郁夫さんのような人が夫なら、たとえ持病で迷惑をかけても夫婦の絆が強まるでしょう。

郁夫さんの持病である心疾患は悪性新生物（がん）、脳血管疾患とともに日本の三大疾病といわれています。糖尿病、高血圧性疾患、肝硬変、慢性腎不全を加えて七大生活習慣病ともされており、入院患者の約3人に1人は、この7つの疾患が占めています。

それでも定年まで大きな病気をしたことがない人は意外といます。そのため過信してしまう人は少なくありません。定年後は年を取るにつれて病気になるリスクは上がりますので、これまで健康だった人でも油断は禁物です。

「親ががんになっていないから、自分もがんにはならない」と思っている人もいますが、日本人の2人に1人ががんになり、3人に1人ががんで死亡している時代です。がんになる可能性はだれにでもあるといえます。

素人判断による健康法にも気をつけたほうがいいでしょう。からだを鍛えようと定年後に激しい運動をするのは、かえって健康のためになりません。ウォーキングなど、少し汗をかく程度の運動のほうがいいのです。

介護の質は必ずしもお金に左右されない

郁夫さんはまだ61歳ですが、自分が近い将来、介護されるかもしれないと心配しています。ただ、親が生きている人の場合は、自分が元気でも、親の介護のほうが深刻な人が多いでしょう。50代以上が同窓会に行くと、必ず出る話題といわれているくらいです。

「平成30年版高齢社会白書」（内閣府）を見てみると、要介護者等と同居している主な介護者の年齢は、男性で70・1％、女性で69・9％が60歳以上で、「老老介護」のケースも相当数存在していることがわかります。

介護にはお金の問題も大きい。とくに定年後にお金の心配がある場合は致命的とまで思っている人も少なくありません。たしかにお金があれば、いい介護を受けることができます。介護だけでなく、ほとんどのことがお金で解決できると考えている人は結構います。そのとおりなところも多いのですが、決してお金がすべてではありません。

私の知っているある老人ホームは入居するのに4000万円、月に30万円かかります。お金持ちでないと入れない最高級老人ホームです。こういう所に入ることができれば、入居者は幸せと思うでしょうが、他人が全部やってくれるというのは、見方によっては、その人に意味がなくなることでもあるのです。ここで働く介護士さんも、そう感じることがあるみたいです。

とはいうものの多くの人がだれかの介護を受け、最期を迎えることになります。ですから考え方によっては、介護の問題はお金だけでは解

要介護者等との続柄別主な介護者の構成割合

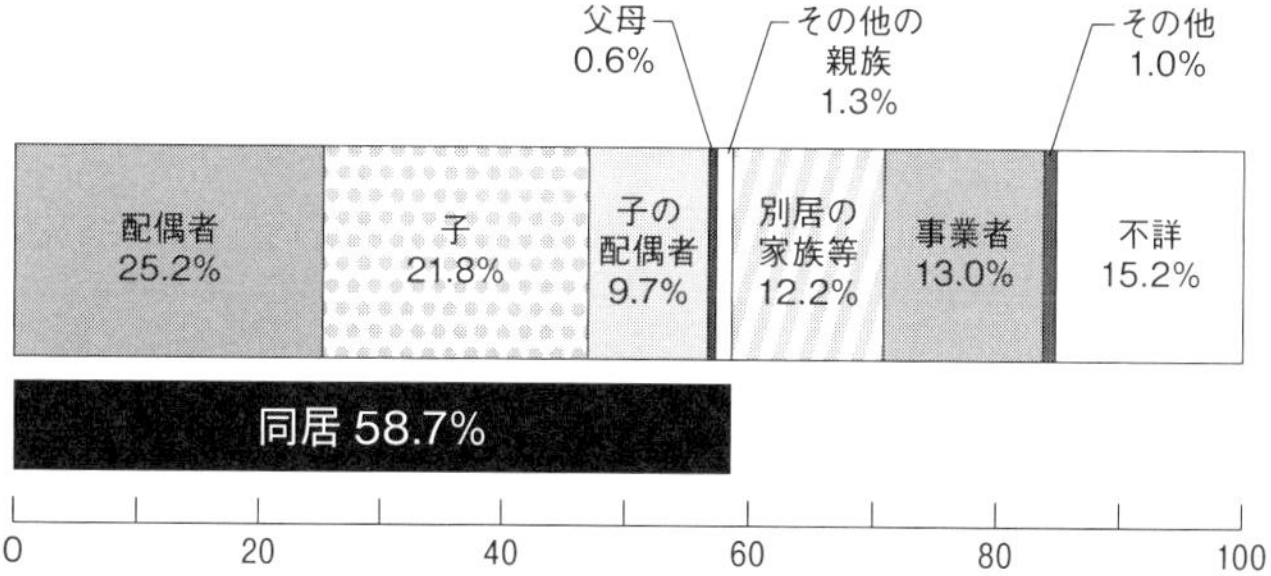

注：熊本県を除いたものである。

（出典）厚生労働省「国民生活基礎調査」（平成 28 年）

決しないといってもいいでしょう。お金があっても家族や兄弟との仲が悪いため、最高級老人ホームに入っても寂しく過ごしている人はめずらしくはありません。

介護を受けないよう健康に気をつける人は多いのですが、日頃から自分ができることは必ず自分でやるよう心がけるのも大切です。介護の日がくるのを遅らせることにもつながります。

介護をしたくてもできない人もいます。

たとえば、離れて暮らす両親の面倒を弟に押しつけ、兄はなにもしないというのはよくある話です。しかし、兄はどれだけ助けたいと思っていても、仕事が忙しくてお金に余裕がないために、できないでいることもあるのです。

終身雇用が崩壊し、リストラがめずらしくはないいま、これからこのような人はますます増えていくでしょう。

郁夫さんは家族に迷惑をかけたくないと思っていますが、悩む必要はありません。定年後はどんなに元気な人でも、突然介護が必要になることもありますので、いま介護が必要でないのに悩むのは心臓に悪いだけです。

郁夫さんはＨＳＰ（超敏感気質）かもしれませんが、「困ったことは起こらない」「すべてはよくなる」と言葉に出しながら、これまでどおり健康管理に気を配り、家族のことを大切に思うだけで十分です。

50代から「定年後の自分」を育てるヒント

・定年まで働き、定年後も再雇用で働きたいのなら、大病しないことが重要。いうまでもなく会社は定年まで大病にかからないよう配慮してくれるわけではない。

・大病や介護は決してお金だけで解決できる問題ではない。家族と不仲で老人ホームで独居している人も多い。日ごろから家族を大切にしていると、大病しても介護になっても絆が強くなる。

・いまや7割の人が老老介護をしている。対岸の火事とは思わず、親の介護（や自分の介護）のことは自分の定年に関係なく早い段階で決めておくべき。

・素人判断による健康法は厳禁。激しい運動は健康を害する危険性が高まる。

・日ごろから自分ができることは必ず自分でやるよう心がける。それは介護の日がくるのを遅らせることにもつながる。

節制

禁煙・禁酒でかえってストレスを抱えうつっぽくなる悲劇

大手証券会社の投資情報部で部長を務める睦夫（54歳）は、健康診断の結果が悪かったため、禁煙に踏み切った。お酒は少し飲もうと思っていたが、歯科医院に行ったときに麻酔の効きが悪かったため、怖くなって禁酒もすることにした。

ただ、イライラが止まらなくなり、部下を怒鳴り散らすことが多くなったため、1日に6本だけ煙草を吸うことにした。それでも多忙期に入ると本数が増えた。お酒も会社の飲み会で飲んでしまい、酒量は減ったものの自宅でも缶ビールを飲むようになった。このままではいけないと気持ちを新たにした睦夫は、禁煙外来に通い、再び禁酒を誓った。イライラするのを我慢できたが、最近では仕事に集中できず、趣味の時間を楽しむ気力さえなくなり、夜中に目覚めることも多くなった。そして、忙しく働いている最中に高血圧で倒れてしまった。

禁煙・禁酒が引き起こすストレスやうつもある

睦夫さんの場合、禁煙と禁酒を同時にしたのは失敗でした。禁煙はしたほうがいいのですが、医者から止められていないのなら、禁酒はする必要はありません。適量のお酒なら、飲んだほうが健康にはいいくらいです。

たとえば、アルコールは興奮を抑制して睡眠を促しますので、不安を鎮めてくれます。血管を広げる作用もありますので、心臓に栄養を与える冠動脈も広がり、心筋梗塞の予防にもなります。毎日、適量のお酒を飲む人のほうが長生きするというデータも多いくらいです。

現代社会においては、うつを軽く見てしまう人は少なくありません。うつはがんや糖尿病に匹敵することはすでに説明しましたが、睦夫さんのように健康のために禁煙したり、禁酒したりして過度なストレスを覚え、うつになってしまう人もいます。少なくとも禁煙や減酒と同じようにストレス対策は大切で、うつを予防すべきです。

ストレスは「万病のもと」といえます。睦夫さんは高血圧で倒れてしまいましたが、うつや高血圧だけでなく、肥満症、過敏性腸症候群、頭痛、脳卒中、心臓病などの病気に影響します。

ですから睦夫さんの場合、禁煙は続け、適量のお酒を飲む生活にすればいいのです。飲み過ぎる恐れがあるのなら、家族や周りの人に止めてもらえばいいでしょう。健康法にもいえますが、節制し過ぎるとストレスの原因になってしまいます。

喫煙は定年後も「百害あって一利なし」

昔は会社の自席でも煙草が吸えましたが、近年では吸う場所を探すのも大変と感じる人は多いのではないでしょうか。私の知人は煙草を吸う場所を探すのがストレスなので禁煙した人がいるくらいです。

JTの「2018年全国たばこ喫煙者率調査」を見てみると、成人男性の平均喫煙率は27・8％で減少が続いています。年代別に見ると、急激な喫煙率の減少が見られる60歳以上は21・3％ですが、30歳代から50歳代では35％前後で推移しています。

ストレスを感じるくらいなら喫煙したほうがいいと考える人もいますが、病気になるリスクが高過ぎます。また、副流煙や臭いの問題もありますから、周りに迷惑をかけてしまいます。近年では、喫煙する人を採用しない会社も出てきたくらいです。1箱500円前後もすることを考えても、「百害あって一利なし」といっても過言ではありません。

国立がん研究センターのＨＰでも「がんを予防するためには、たばこを吸わないことが最も効果的です。」と書かれているくらいです。さらに日本の研究では、がんになった人のうち、男性で30％、女性で５％はたばこが原因だと考えられています。がんによる死亡では、男性で34％、女性で６％はたばこが原因としています。

睦夫さんの場合、自分の力では禁煙するのはムリと判断し、禁煙外来に通い始めましたが、過度なストレスを覚えるくらいなら専門家の力を借りるのは正解です。保険が適用されますので、たばこ代のことを考えれば安いものです。ただ、楽しみをひとつなくすことになりますので、浮いたたばこ代の一部は趣味を充実させるために使うなど、禁煙したことによる虚しさもなくすようにすればいいでしょう。

50代から「定年後の自分」を育てるヒント

- **「酒は百薬の長」。適量のお酒なら、むしろ飲んだほうが健康にはいい。**
- **「ストレスは万病のもと」。禁煙でかえってストレスを感じるなら専門家に相談してみる。**

おわりに――人生は「定年後の自分」を早く育てた者勝ち！

本書では41人の実例を取り上げてきました。読んでいただく方に充実した50代と定年後を迎えてほしいため、あえて辛口な書き方にしましたが、お許しください。

ただ、私が脳科学や心の病の専門家ということもあってか相談者の誰もが、いまの状況をなんとかしたいという思いが強く、真摯そのものでした。こちらの背筋が伸びる思いがし、新たな発見もあって感謝しているくらいです。この思いさえあれば、定年を恐れる必要はありません。これは読者のみなさんにも言えることです。

最近、ＨＳＰ（超敏感気質）や発達障害による生きづらさが問題となっています。本書でも触れたように今の時代、定年者（高齢者）の引きこもりも増えています。グレーゾーンの人たちを含めると、実は50代でも急増しているといってもいいでしょう。生活環境が大きく変わる定年を境に、問題が深刻化しているのです。

ひと言でいえば、ＨＳＰは空気を読み過ぎる人、発達障害は空気が読めない人です。これでは息苦しさを感じても仕方がありません。よくある傾向としては、他人に責められることで自分を責めるようになり、自信をなくして自らを追い詰めてしまう人が多い。これでは定年後の生活が必要以上に不安になり、定年後が病になってしまいます。

そうならないためには、50代の早い段階で問題意識をもって定年への準備をすれば、たとえHSPや発達障害であっても前向きになれます。

ここで、50代前半で最悪の状況になっても、前向きに改善する努力をして好転した、73歳の光男さんの事例を紹介します。

団塊世代生まれの光男さんは、東京に出て大学に行く人が少なかった時代背景もあり、エリートコースにうまく乗れました。広告業界に身を置き、バブル期はゴルフの接待が主な仕事で、職場よりゴルフ場にばかり行っていました。それでも仕事で結果を出していたため、先輩を追い越して部長に抜擢。この時期にマンションを購入し、人生の絶頂期を迎えます。当時、栄養ドリンク剤の「24時間働けますか」のCMがはやり、中学生の息子の前でCMのマネをするくらい、自信に溢れたエリートビジネスマンでした。

ところが、バブル崩壊後に光男さんは異動を打診され、拒否してしまいます。社内で同業他社からヘッドハンティングされるという噂があったため、自分は高く評価されていると確信し、52歳のときに思い切って会社を辞めてしまいました。すぐに仕事が見つかると楽観視していた光男さんは、退職後は海外旅行に行くなど、のんびりと過ごしていました。

しかし、現実は甘くはありませんでした。光男さんが再就職活動を始めたところ、なかなか決まらなかったのです。実績は素晴らしく、業界では顔が知られていたのですが、高い年収があだとなり、どこも雇いたがらなかったのです。最悪なことに、実は前の会社が光男さんを辞めさせるために、わざと「他社のいい就職口がある」と本人に思わせていたことが、あとからわかったのです。光男さんは愕然としましたが、あとの祭りです。

再就職が決まらず1年が経ち、焦りから妻にイライラをぶつけたり、不眠症になったり、引きこもりがちになったりした光男さんですが、ある日、団塊ジュニア世代の就職難や派遣社員という雇用身分の実態を報道で知り、「自分は同世代や他の世代から見れば恵まれていた」「今までが幸運で、いつまでもこんな状態が続くわけがなかった」「人生はプラス、マイナスゼロ。いい思いをとことんしすぎると、後で同じくらい悲惨な目に遭うのが世の必定だ」などと悟るようになったのです。それを機に、これまでのプライドを捨てる努力をし、「定年後も含めたこれからの自分」を前向きに考えるようになりました。

その後、縁あってこれまでとは全く異なる業界の営業サポートとして働くことになりました。異業種での経験があり意欲のある50～60代の人を雇う方針の会社でしたが、上司は年下の者ばかり。同じ部署の同僚にも自分の息子と同じくらいの年齢の人がいて、当初は働きにくさを感じていた光男さんでしたが、もう変なプライドはありません。

勤務中は年下上司のもとで働く環境とはいえ、昼食や飲み会の席では年長者、他の業界をよく知っている者として、仕事の相談から転職や結婚、子供の進学、就職の相談なども受けるような存在になりました。年下ともフラットなコミュニケーションを心がけたこともあり、会社には必要不可欠な年長者として一目おかれるようになったのです。光男さんが働きがい、生きがいを感じるようになったのは言うまでもありません。

65歳までの雇用のはずだったのですが、73歳になるいまも会社に請われて働いています。最悪の状況でも「人生はプラス、マイナスゼロ」と前向きに捉えることで、人生を好転させることができたのです。変なプライドは捨て、いまの状況をなんとかしたいという真摯な思いさえあれば、誰もが大きな一歩を踏み出せると私は思っています。

本書がひとりでも多くの読者が「定年後の自分」を早くから育て、定年を病にしないためのヒントとなれば、これほどうれしいことはありません。

２０２０年４月

浜松医科大学名誉教授　高田明和

著者略歴

高田明和（たかだ・あきかず）

1935年静岡県生まれ。慶應義塾大学医学部卒業、同大学院修了。医学博士。米国ロズエル・パーク記念研究所、ニューヨーク州立大学助教授、浜松医科大学教授を歴任後、現在同大学名誉教授。専門は血液学、生理学、大脳生理学。日本生理学会、日本血液学会、日本臨床血液学会評議員。脳科学、心の病、栄養学、禅などに関するベストセラーを含む著書多数。最近はマスコミ・講演で心と体の健康に関する幅広い啓蒙活動を行っている。自身もうつやHSP（超敏感気質）に長年苦しみ、HSPを扱い紹介した『敏感すぎて困っている自分の対処法』（監修、きこ書房）は日本での火付け役となり、話題を呼んだ。最近の著書に『「敏感すぎて苦しい」がたちまち解決する本』『HSPとうつ 自己肯定感を取り戻す方法』『HSPと発達障害 空気が読めない人 空気を読みすぎる人』（いずれも廣済堂出版）がある。

定年を病にしない

2020年4月20日　初版第1刷発行

著　　者　高田明和
発 行 者　江尻 良
発 行 所　株式会社ウェッジ
〒101-0052 東京都千代田区神田小川町1丁目3番地1
NBF小川町ビルディング3階
電話 03-5280-0528　FAX 03-5217-2661
https://www.wedge.co.jp/　振替00160-2-410636

装　　幀　佐々木博則
組　　版　辻 聡
編集協力　桃山 透
印刷・製本　株式会社暁印刷

ISBN978-4-86310-224-8　C0030